U0929051

西南法律评论

刘想树　主编

第 1 卷

总第30卷

法律出版社
LAW PRESS · CHINA

学科动态

法学理论

当前中国法理学研究呈现“三驾马车”并驱之局面：一是为党和国家的法治事业提供理论顶层设计；二是继续深耕法学基础命题；三是及时对不断涌现的前沿问题给予理论回应。党的十九大报告对我国法治事业作了进一步总结、谋划和展望，部署了新的理论和制度创新任务，要求法理学研究对国家监察委员会设置、司法改革等国家重大体制改良提供充分的理论支撑。在法学基础命题领域中，被遗忘权等新兴权利的蓬勃滋长冲击了传统的权利概念边界；网络的发展和民众的成熟促使社会结构调整步伐加快；权力的逐步分散与多元化亦对既有权力概念提出挑战。种种变迁为法学基础研究提出了大量新课题，为范畴革新提供了契机。而“互联网+”、大数据、人工智能等技术前沿对法学理论的影响尤为明显。大量既有学说、范式乃至思维方式已不足以解释这些快速发展甚至瞬息万变的领域，法律与科技的罅隙正逐步扩大，这对当今法理学人提出了更高要求，要求作为基础学科的法理学应更具前瞻意识、变革精神和创新思维。法理研究者须反思当下并展望未来，在全面深化改革与全面依法治国深度融合、协调并进的时代，做出理论跟进并推动实践发展。

——副教授、法学博士　胡兴建

法律史

说到近年来法律史的研究热点，脑海里一下蹦出的词是“民国”，一段常挂嘴边，却并不为人所熟悉的混沌历史。翻阅近期的《法律史评论》，1/3 的文章都谈到“民国”，范围从宏观上的宪治思想到微观上的具体法律制度，其中不乏让人耳目一新的观点。“民国”有着不可否认的魅力，各类人物粉墨登场，个人色彩浓重，但时势权力崛起下的话语系统往往会掩盖历史全貌。对近代法律史的研究就是要探寻现象下的本质上的勾连，以此一点点地拼凑出百年法律史开端的原始样貌。

谈及近年法律史研究的发展趋势，首先需提及新史料的发现与新问题的提出。睡虎地秦简、张家山汉简等简牍的出土和整理，对秦汉法律史的研究意义重大。同时，明清时期州县的司法档案也开始被关注，如黄岩诉讼档案、巴县档案等，它们详细记载了明清时期州县的司法审判程序，且多为官方所忽略的“户婚田土”等民间细故，弥补了正史中的不足。从这些档案可以了解明清时期民事纠纷处理的全部过程，这也提出了值得深思的问题——中华法系是不是真如“定论”所说的那样“重刑轻民”？怎样解释州县中大量存在的民事诉讼和丰富的民间契约？

其次需提及被运用到法史研究中的田野调查方法。一些学者不畏艰苦，深入少数民族地区和边远山区进行田野调研和考察，运用法人类学的方法对中国古代民间法、习惯法以及国家法律实施状态进行调查研究，这对了解民间习惯、研究国家法与民间法的二元关系有着重要意义。

最后需提及法律史研究日益精细化的趋势。随着资料的不断丰富，学人对某些问题的研究也不再停留在表象和概论上；研究对象也不再是宏观问题，而是一些较细微、易为前人所忽视的问题；现今一篇学术论文往往只论证某一律文甚至某一罪名，对“小题”进行“大做”。

——副教授、法学博士　孙德鹏

宪法与行政法学

近年来，违法信息披露规制手段备受行政机关青睐，被广泛应用于食药安全、医疗卫生、产品质量、安全生产等领域，但学界对该规制手段的属性界定模糊不清，制约了规制效果的发挥，因此，研究违法信息披露规制手段的法律属性显得尤为重要。本书收录的《违法信息披露的属性界定——以法律关系的省思为基础》一文结构合理、论述充分、资料翔实。一方面，很好地总结了目前学界对此问题的研究成果；另一方面，又紧紧抓住违法信息披露有着区别于传统规制手段的特殊内部结构，充分论述其中包含的多种法律关系，对其性质给予了较准确的认定。此外，文章还有一定的创新，其借鉴刑法吸收原则，在行政主体与社会公众关系层面上，认定违法信息披露为事实行为；而在行政主体与相对人关系层面上，违法信息披露为旨在产生规制效果的法律行为。当然，此观点是否正确，有待学界进一步探讨。

——讲师、法学博士　杨尚东

刑法学

目前我国的刑法学理论研究成果丰硕，其研究动向主要表现在以下三个方面：首先，继续探索完善刑法立法的路径。这主要关涉我国刑法立法思路、方法并如何选择最优模式。其次，阶层论和四要件的犯罪论体系之争，仍将是我国刑法学中长期争论的问题。值得一提的是，坚持阶层论的学者不限于理论上的证成，逐步转向阶层体系司法化的研究，主张阶层论不仅在理论逻辑层面上优于四要件理论，而且在司法适用层面上同样优于四要件理论。在此基础上，刑法学理论进一步研究法秩序同一性原理在刑事司法中的应用，主要体现在刑事违法性判断犯罪成立条件、“行刑（行政法与刑法）交叉”“民行交叉”等跨学科领域方面。最后，关注社会热点问题，推进刑事司法制度的完善。例如，随着人工智能、大数据等科技的迅猛发展，对公民个人信息的保护、网络犯罪的预防以及智能化工具辅助量刑等制度展开研究；在司法体制改革背景下，对刑事速裁、认罪认罚、监察委员会制度展开研究。可以说，刑法学这一古老学科在当前人类发展面前焕发出了新的生命力。

——副教授、法学博士　陈世伟

民法学

民法典的编纂和《中华人民共和国民法总则》的颁布引领着民法学的研究。民法学界除了一如既往地就实务中的争议问题展开分析外，还重点围绕着《中华人民共和国民法总则》的解释论和民法分则的立法展开针对性的研究。本书所刊登的文章即就侵权责任法保护对象、数人侵权责任的分担、用益物权的立法展开的有针对性的探讨。

——副教授、法学博士　徐银波

商法学

《中华人民共和国民法总则》颁布实施后，商法立法如何与民法典编纂相契合，包括商法（商事）通则的可能空间、商事法律制度在民法典分则各编中的安排等问题，无疑是商法学研究的重点。作为调整市场主体组织和行为的基本法律，商法规则的特殊性客观地存在着，由此引致的商事审判之特殊性亦较凸显。《最高人民法院关于适用〈中华人民共和国公司法〉若干问题的规定（四）》的施行解决了公司决议效力、股东知情权、利润分配请求权、优先购买权和股东代表诉讼案件审理中的一系列实体和程序上的法律适用问题。随着市场实践的日益丰富和信息技术的快速发展，互联网金融、共享经济、智能投顾、区块链等新型问题，将突破传统认识并挑战现有规则，而公司内外关系、证券上市交易、保险赔付、企业破产等传统问题，在新时代的背景下依然是值得深入持久探讨的主题。

——副教授、法学博士　赵吟

知识产权法学

大数据时代的到来、人工智能的突飞猛进以及“一带一路”倡议的推进，给知识产权法带来了挑战。知识产权法自身的完善及其与民法的融合正在有条不紊地推进。

自 2016 年“实施国家大数据战略”被提出后，对数据信息的开放、采集、存管、交易、传输和二次利用所涉及的权利与责任的法律界定问题亟待解决，有关数据公开、安全和产权的法律法规备受期待。在 2017 年 3 月人工智能首次被列入政府工作报告后，人工智能对知识产权法律制度带来的挑战日益凸显。对是否可以将人工智能视为作者、发明人以及侵权人的问题热议不断。对《中华人民共和国专利法》第四次修订所着力解决的侵权损害赔偿问题的讨论逐渐趋于理性化与精细化。如何使赔偿额充分体现被侵犯专利的市场价值成为研究中的重中之重。现行专利法对行政保护规定得不够明确且缺乏体系性。知识产权在民法体系中的地位以及入典的意义近年来被不断讨论。目前多数学者支持知识产权入典,但就具体设计模式尚未达成共识。随着“一带一路”沿线各国高新技术产品和文化创意产品的贸易交流日益频繁,如何在新时代背景下使知识产权与“一带一路”相融合成为重要课题。

——副教授、法学博士　康添雄

民事诉讼法学

实行立案登记制改革,是党的十八届四中全会提出的一项重大改革举措,力图革除立案审查的制度弊端,从源头上解决人民群众反映强烈的“立案难”问题。自立案登记制实施以来,全国当场立案登记率高达95%,实施效果显著,当事人的诉权得到基本保障,但是由于立案要素规定得不统一,各地法院在实施过程中对审查标准的判断存有差异。本书收录的《民事立案登记制之要素检视》对立案和审理过程涉及的要素进行了分析,在平衡当事人程序权利和诉讼效率的基础上,确立了立案要素应由二元化向一元化发展,即现阶段将部分诉讼要件从起诉条件中剥离,仍保留主管、管辖要素,未来只将起诉要件作为立案要素,排斥诉讼要件。

——副教授、法学博士　毋爱斌

刑事诉讼法学

当前,我国刑事司法改革正以前所未有的深度、广度和日新月异的速度进行。党中央在最高规格的纲领性文件中明确提出,要推进以审判为中心的诉讼制度改革,这是一项关涉司法职权优化、诉讼结构完善、证据制度调整和诉讼程序重构的重大制度安排。在这一主题的引领下，速裁程序、认罪认罚从宽制度、人民陪审员等制度的改革试点全面展开，司法责任制、省以下司法机关人财物统管、跨区司法机关建设等司法管理体制改革也在探索中同步推进。与此同时，中央司法机关也在不断推出一项项颇具胆识与魄力的改革措施，例如，出台《关于办理刑事案件严格排除非法证据若干问题的规定》、试点“审判阶段刑事辩护的全覆盖”等制度。面对目不暇接的实践议题，刑事诉讼法学界积极跟进，围绕改革中的重点、难点和争点，厘定制度界限，梳理运行情况，归纳现有问题，总结有效做法，探讨完善路径，展望改革前景，为改革建言献策，形成了丰硕的研究成果。随着改革的不断深化，我国刑事诉讼法的修改势必提上日程，为此，学界需要作充分的理论准备。

——副教授、法学博士　闫召华

经济法学

随着全面建设小康社会的推进和党的十九大的胜利召开，体现国家调控经济的经济法迎来了空前的发展契机。

在经济法基础理论领域，党的十九大报告关于政府和市场关系的新界定实现了经济法政府市场观的“元创新”，也为经济法的基础理论研究提供了新素材。在市场主体法领域，以《中华人民共和国公司法》的注册资本制供给为标志，以“宽进严管”为基本理念的信用监管、市场监管部际联动的具体落实等方面，是经济法研究的新拓展。在市场秩序法领域，以 2013 年《中华人民共和国消费者权益保护法》的修订和 2017 年《中华人民共和国反不正当竞争法》的修订为标志，如何真正提升消费者权益的保护力度、如何实现市场经济公平竞争的法律治理，成为研究热点。在宏观调控法领域，“互联网+”、大数据、人工智能等科技发展深度冲击着现有的国家调控制度体系，数字货币、人工智能、供给侧改革等方面成为研究领域新的增长点。在社会法领域，以党的十九大“七所”理论为核心的实质公平观、保护弱势群体实现精准扶贫的新思维深刻影响了相关制度的研究，而“三权分置”改革、《中华人民共和国农村土地承包法》的修订、劳动者权益保护等相关问题一度炙手可热。

总之，经济法的研究在新时代更加强调以问题为导向的研究范式、本土资源和国外经验的有机结合、规范分析和实证研究相结合的研究路径。作为一个具有现代性的部门法，经济法的回应性品格、实践性品格在未来的研究中必将得以进一步彰显，其中国特色也将得到进一步体现。

——副教授、法学博士　肖顺武

环境与资源保护法学

环境法学的研究紧扣时代脉搏，当前的研究动向主要体现在：第一，围绕党的十九大报告中有关构建“人与自然生命共同体”的精神，根据报告提出的“推进绿色发展”“着力解决突出的环境问题”“加快生态保护力度”“改革生态环境监管体制”四个方面的要求，学者对环境法学研究中的相关领域进行研究，例如，人与自然和谐共生问题、社会主要矛盾转化背景下的环境法治完善、绿色发展法律促进机制、绿色生产/消费法律制度、美丽中国建设促进机制等比较宏观的研究，生态保护红线、永久基本农田、城镇开发边界三个控制问题的研究，区域污染协同治理/联防联控法律问题、新时代环境标准、农村生态环境保护（专门）立法等诸多微观领域的研究。第二，开展环境法法典化的研究，包括环境法典的必要性、可行性研究，法典的模式，环境法典与民法典的关系；开展环境利益理论的研究，包括公民环境权的保护、司法救济等；开展生态修复与土壤污染管控和修复法律制度的研究；开展国际视野方面的研究，包括气候变化与国际环境合作治理、"一带一路"建设中的环境治理、国土空间开发保护制度等。第三，在理论与实务结合方面的研究，包括民用核能领域的立法，土壤污染防治与修复，放射性污染防治的地方立法以及在周边地区开展环境生态保护、环境公益诉讼、放射性污染防治经验的实地调研与考察等。

——副教授、法学博士　陈廷辉

国际法学

国际法学科传统上划分为国际公法、国际私法、国际经济法。近年来，国际公法的研究主要集中在基础理论、海洋法、领土争端解决机制等领域；国际私法的研究主要关注法律适用、国际民事司法协助、国际商事仲裁等领域；国际经济法的研究除了传统的热点即国际贸易法之外，对国际投资法及国际金融法领域的研究也逐渐升温。在倡议"一带一路"及"建设人类命运共同体"的背景下，在中国积极参与国际事务与提升国际话语权的大环境下，国际法的研究应逐渐成为法学研究的重点和热点。本书所收录的《中国外资国家安全审查制度新探——评〈外国投资法（草案征求意见稿）〉第四章》以商务部于 2015 年 1 月 19 日公布的《中华人民共和国外国投资法(草案征求意见稿)》中的外资安全审查条款为研究对象,对其创新、不足之处进行分析并提出完善建议,尤其是提出主权投资的国家安全审查问题,具有一定的创新意义和现实意义。阅读该文,有助于我们学习掌握外资国家安全审查制度的最新发展,并思考如何对其进行完善。

——副教授、法学博士 梅傲

目　录

CONTENTS

【名家约稿】

朱熹论礼的起源

彭卫民*

摘　要:在朱熹的礼学思想中,“礼”就是“理”,是一种经天地而理人伦的治理方式,存在于绝对正确的自然之理中。“礼”经无所由生而能生成万物的“太极”之理所阐发,“太极”即天地未分、元气混沌的状态,或谓“大一”,或谓“大极”,只是称谓不同。礼义之所起,是起于“大一太极”之理。“天道”是“太极”的感悟,其本质是绝对存在秩序的一种虚拟。

关键词:礼;天道;太极;朱熹

儒家论“礼”的起源,大略有如下几说:第一是“节制欲望说”(《荀子·论礼》);第二是“称情而立文说”(《礼记·问丧》);第三是“合乎鬼神说”(《礼记·祭义》);第四是“圣人始创说”(《礼记·曲礼》)。这些观点各有侧重,但归根结底都只是在讨论“礼”

---

* 国家民委理论政策研究基地长江师范学院重庆民族研究院专任研究人员,讲师,法学博士。

基金项目:2016 年度重庆市社会科学规划项目“中国传统家庭法哲学融入社会主义核心价值观研究”(项目编号:2016PY030);2017 年度重庆市教委人文社会科学项目“中国传统家庭法哲学的表达与演变”。

的表现形式，而对于“礼”是如何跨越人情而成为自然或天道的反映，这样的探讨似乎并不够深入。“礼不必皆出于人，至如无人，天地之礼自然而有，何假于人？天之生物便有尊卑、大小之象，人顺之而已，此所以为礼也。学者有专以礼出于人，而不知礼本之自然。”[①]所谓“天所赋为命，物所受为性”，[②]“天”以自然理性而言，“命”以自然流行而赋予物者而言，“性”以自然全体得以为生者而言。自然理性通过天道为人所获得，这便是礼的起源。

一、“大一太极”

《说文》曰：“一，惟初太始，道立于一，造分天地，化成万物。”自然运转周流不已，此谓天地漠然无为；圣人感于自然理性（天理），以“一”为始，即天理流行而赋予“一”，所以朱熹说，“天地之心不可道是不灵，但不如人恁地思虑”。[③]自然理性有体有用，以“一”为自然之体，故而万殊而一贯，“理，只是一箇理。理举着，全无欠缺”，[④]自然又周流运转，循环不止，“一盛了又一衰，一衰了又一盛”，终又归于“一”。以“道”为自然之用，“一统而万殊”，分为各自的道理，运转流通，略无停间，造化万物，万物各有当然之则，是皆得于自然之所赋，而非人之所能。自然之道固为“一”，然其分则不同，如身之所具，有口、鼻、耳、目、四肢之用，于是便有修身的工夫；如身之所接，有父子、夫妇、长幼之常，于是便有齐家的礼节。凡此种种道理，皆有当然之则，有父子的道理，就有家礼中的冠礼；有夫妇的道理，就有家礼中的婚礼；有死生的道理，就有家

① （宋）张载：《张载集》，汉京文化事业有限公司2004年版，第264页。

② （宋）朱熹：《朱子语类》卷五《性理三》，第82页。

③ （宋）朱熹：《朱子语类》卷一《理气上》，第4页。

④ （宋）朱熹：《朱子语类》卷六《性理三》，第100页。

礼中的丧礼;有鬼神的道理,就有家礼中的祭礼。

圣人所感悟的自然是“一”,是一种至极不二的状态,故曰“上天之载,纯一不二”,“经天纬地,本之则大一之初”。这种“大一”的状态被强调且常用为“太极”。所谓太极,“谓天地未分之前,元气混而为一,即是太初、太一也”(《戴氏读说文记》)。太极是生形、生气、生质之“理”,是造化的枢纽,品彙的根底,更是万物共有之理。所以朱子说,“大而天地万物,小而起居饮食,皆太极之理”,[①]即在天地未分之前,便有此太极之理,太极之理无形无体,其发现需以“气”为依托,“理”与“气”无所先后,“理”不离乎“气”,“气”不离乎“理”,“理”是形而上者,“气”是形而下者。

太极之下,复有太初、太始、太素。太初承太极,是“气”之始。天下未有无理之气,亦未有无气之理。朱子认为,有理,便有气的流行,然后就能发育万物,“气”就是阴阳与金、木、水、火、土之谓;[②]太始乃承太初,是“形”之始,“人物之生,其赋行偏正,固自合下不同”“人物皆受天地之气以为形”;[③]太素乃承太始,是“质”之始(《列子·天端》),“质”具则“性”备,“气积为质,而性具焉”。[④]所以,太极到二气、二气到五行、五行再到万物,这种生生不息的延续,实际上是各有所本,又各有其所用,合万物而言是一太极,而万物之中又各自有一太极。

尽管“大一”即“太极”,谓无状之状,无物之象,但“一”字之起源,则要待“太始”之后。盖太始者,万物方有形,而“一”字在六

① (宋)朱熹:《朱子语类》卷六《性理三》,第104页。
② (宋)朱熹:《朱子语类》卷一《理气上》,第2页。
③ (宋)朱熹:《朱子语类》卷四《性理一》,第57页。
④ (宋)朱熹:《朱子语类》卷一《理气上》,第2页。

书中最早为指事，如“一”“二”“三”皆如其数。所以庖犧画卦时，积三画而成乾，耦六画而成坤，皆自一始，以其指事。又，依类象形，故谓之文，明文之数须起于形，而不起于理，亦不起于气，所以举其数则见其形，如一像天未开时，又像地之形，纵横皆属于一，古或以为天，或以为地。而太极之理、太初之气，均不可象形，唯太始时方有形，《易·系辞》谓“乾知太始，坤作成物”，《礼记·乐记》谓“乐著太始，而礼居成物”，《说文》谓“惟初太始”，皆文字“一”之造端。

“大”与“一”合写就是“天”，其本质就是“元”。[①]“元”与“大一”“天”在古义上均为近意，像人之上部为首，引申为“大”“第一”之意。《说文》谓：“元，始也。从一从兀”“元从一，故《春秋》一年称元年”，元源于自然，近乎太始，有起始之意，三者其均有象征人头之意。可见，在天地未分之前，太极之理中已有“自然而有尊卑”的秩序，这种自然秩序蕴含了礼的基本形态与意义，从“一”之尊而化成“万物”之众，从“元”之始而造分“天地”之从，充分说明了礼具有差别、等级、从属、规范、权威的自然属性，也正是朱子“理一分殊”思想的滥觞。礼自理生，是一种经天地而理人伦的治理方式，存在于无须证明的、绝对正确的自然之理中。

二、“理一分殊”

程颐在解张载所著《西铭》一书时，最先提出“理一分殊”的思想：“《西铭》理一而分殊。分殊之蔽，私胜而失仁；分立而推理一，

---

① 朱子曰：“邵子《皇极经世书》，以元统会，以会统运，以运统世，三十年为一世，十二世为一运，三十运为一会，十二会为一元，一万八百年为一会，初间一万八百年，至子而天始开。”参见（明）王三聘：《古今事物考》卷一，第1页。

以止私胜之流，仁之方也。”[1]私胜就是人欲，存天理就是以仁义之道而止人之私欲。知理一，可见其分之殊；其分殊，则可明理之一，于是可以“周流而无蔽”。[2] 程颐弟子杨时进一步提出“仁体义用”论，“《西铭》‘理一分殊’，知其理一，所以为仁；知其分殊，所以为义。所谓分殊，犹孟子言‘亲亲而仁民，仁民而爱物’。其分不同，故所施不能无差等耳”。[3] 杨时所要表达的意思是“仁体义用”之间不可二分，即体而言，则用在其中。

朱熹在程、杨的基础上作《西铭解》一篇，进一步阐释“理一分殊”的由来，也可以说这一理论是朱子家礼思想的滥觞。《西铭》一文，开篇即云“乾称父，坤称母，予兹藐焉，乃混然其中”。朱子解释说，天即父之道，地即母之道，人禀气于天，赋形于地，居于天地之中，是子之道。“以乾为父，坤为母，有生之类，无物不然，所谓‘理一也’。而人、物之生，血脉之属，各亲其亲，各子其子，则其分亦安得而不殊哉！”[4]可见礼早已蕴含于天地自然之理中，两者浑然一体。礼因乾、坤二气交感，而化成父子、夫妇、长幼、大小、尊卑之等，所以叫“一同而万殊”；但虽贵贱有等、亲疏有别，然而名分之守，又于极之理别无二致，所以叫作“万殊而一贯”。

朱子以理、道、太极为万物本体，这个本体无器无形，而天地万物之理都存在于太极之中，所以叫作“无极而太极”；又因为其具天地万物之理，所以只能以无器无形的形式存在，即“太极本无

---

① （宋）程颢、程颐：《河南程氏文集》卷九《答杨时论西铭书》，第 609 页。

② （宋）张栻：《新刊南轩先生文集》卷三十三《跋西铭》，第 198 页。

③ （宋）杨时：《龟山集》卷十六《伊川答论西铭》，收入《钦定四库全书》集部第六十五册，第 71b 页。

④ （宋）朱熹：《朱子全书》第十三册《西铭解》，第 145 页。

极”。[①] 太极流转而生万物，人与物俱本此理，所谓“继之者善”（《易·系辞上》），然后有为人物之形，是所谓同，朱子谓之“理一”。以理而言，则万物本为一原，无高低、贵贱、上下之分，有生之类，无物不然。朱子承续“大一自然”的思想，在“理一”上做了进一步的阐释，“天地间只有一理，随其到处，分许多名字出来”。[②] 这个“理”可以理解为“一”，也可以理解“太极”，亦可以理解为“道”；这个“理”中又可以分出许多道理，但是万般殊途皆同归于一，而不容有二三，“知所谓一，则言行之间虽有不同，不害其为一。不知其一而强同之，犹不免于二三，况遂以二三者为理之固然而不必同，则其为千里之谬”。[③] 所以“理”具有“一”的属性，“一体该摄乎万有，而万殊归乎一原，循其本而观之，则固一矣”。[④] 理解了这一层含义，就能明白“万物之理统于一理”的道理，“凡万物万事，小大精粗，无一非天理流行，吾心全得是理，而是理之在吾心，亦本无一息不生生而不与天地相流行”。[⑤]

但是，太极流转而分阴阳五行之气，此气氤氲交感，万变不齐，然后有为人物之形，是所谓异，朱子谓之“分殊”。以其气而言，则或得其正，或得其偏，高低、贵贱、精粗、善恶各不相同。在朱子看来，所谓“理”，只是一个道理，其分不同。例如，草木是一个道理，分而有桃、李；众人只是一个道理，分而有张三、李四；屋是一个道理，分而有厅、堂。以其体言，则有仁、义、礼、智之实；以

① （宋）朱熹：《朱子文集》卷七十八《隆兴府学濂溪先生祠记》，第3748页。
② （宋）朱熹：《朱子语类》卷六《性理三》，第105页。
③ （宋）朱熹：《朱子文集》卷六十三《答余正甫》，第3070页。
④ （宋）朱熹：《朱子文集》卷五十六《答方宾王》，第2667页。
⑤ （宋）朱熹：《朱子文集》卷五十七《答陈安卿》，第2741页。

其用言，则有恻隐、羞恶、恭敬、是非之实。[①] 万物生于一理，万理也本于一道，因此一道摄万理，万理归一道，这就是朱子对"理一分殊"的新解。

由于"分殊"而导致气清明浑浊之别，"人受气之正则通，物受气之偏则塞"，[②]人受得气之正，所以人能识得道理，有智慧，物受得气之偏，所以禽兽横生，"惟人也，得其形气之正，是以其心最灵，而有以通乎性命之全，物则得夫形气之偏，而不能通乎性命之全"，[③]所以这里的分殊，是人物感于"气"之偏颇而造成的分殊。既有此分，则说明万物有其各自当然的道理，"以其分之殊，则其理之在是者不能不异。人为最灵而备有五常之性。禽兽则昏而不能备。草木枯槁，则又并与其知觉者而亡焉，但其素以为是物之理，则未尝不具耳"。[④] 因为分殊，所以人有"仁、义、礼、智、信"五常之性，而禽兽草木则不具备。人群之内气之资禀各异，于是又区分为"不待学而能者"的圣人、"必学而后知"的贤人、"人一己百、人十几千"的常人以及"与禽兽不远"的恶人。由此可见，太极之理是"一"，所禀之气是"众"，于"理"则无所类分，于"气"则各有等差。

考究礼的起源，在太极之理时，则无所偏差，浑然一体；在气之流行运转时，则各有等级、尊卑，如有父子、夫妇、兄弟、长幼等"形"；有恻隐、羞恶、是非、辞逊等"情"，凡此种种，无不各有其当然之理，亦各有其当然之礼。礼义之所起，是起于大一太极之理，

① 参见(宋)朱熹:《朱子语类》卷六《性理三》,第104页。
② (宋)朱熹:《朱子语类》卷四《性理一》,第65页。
③ (宋)朱熹:《朱子全书》第十三册《西铭解》,第142页。
④ (宋)朱熹:《朱子文集》卷五十九《答余方叔》,第2854页。

大一太极之理无所不善，礼之于人亦无不善，所以仁、义、智、信又是礼之别名；但人物之气禀各不相同，礼理之施行，可以定亲疏，决嫌疑，别同异，明是非，圣人感此以制为“礼仪三百，威仪三千”。朱子在解《西铭》“尊高年，所以长其长；慈孤弱，所以幼其幼”时说，天下的老、幼是一个固有的道理，懂得了这个固有的道理，就能尊天下高年者为自家的长者，就能慈天下的孤弱者为自家的幼孩，这也正是朱子家礼中“正名分之守，而于国家所以崇化导民之意”。[①] 礼理施行的意义，被朱子认为是“变化气质”，天理无不善，人性之善也无所分别，但人之尊卑、贵贱、善恶之别，只是气禀不同，所以人在家庭之中学礼、用礼，是要存天理而灭人欲。

三、“因天循道”

人类对天的最早认识以及概念的提出，大约起于殷，而其名词的确切记载则始于西周早期。殷人尚鬼，祭祀时就有至上神“帝”“上帝”的描述，如“帝隹癸其雨”(《卜辞》第364片)、“兄……上帝……出……”(《卜辞》第368片)，此处的“帝”实际就是指代天，是一种有意志的人格神。《说文》：“帝，谛也，王天下之号也。”“帝”在殷时为主宰万物的天神。“帝”就是“理”的一个别称，故朱子曰，帝是天与理的代称，“帝是理为主”，[②]“天下莫尊于理，故以帝名之”，帝有主宰之意，“心固是主宰底意，然所谓主宰者，即是理也，不是心外别有箇理，理外别有箇心。……‘心’字似‘帝’字”。[③] 在他看来，《尚书·汤诰》谓“惟皇上帝，降衷于下

① (宋)朱熹：《朱子全书》第七册《家礼序》，第873页。

② (宋)朱熹：《朱子语类》卷一《理气上》，第5页。

③ 同上书，第4页。

民”中的“降”就是主宰的意思。[①] 天神谓之帝，因而祭祀天神谓之禘，“禘，大祭也。禘为王者之大祭”（《尔雅·释天》）。“帝”与“禘”通用。在周代初期起，“天”这一词已经明确出现在青铜铭文上，如《大丰簋》“王祀于天室降，天亡又（佑）王”、《大盂鼎》“受天有大令（命）”“古（故）天异（翼）临子”“畏天畏（威）”等。可以说，“天”这个概念最早由周人提出，殷代的“帝”是指上帝、帝令、宾帝，而周代的“帝”则明确指天、天令、配天之意。朱子曰，“严父莫大于配天，宗祀文王于明堂，以配上帝，帝即天也。聚天之神而言之，则谓之上帝”。[②] 帝与天的本质是具备人格意志的神，因此便有了“天道”，“万物本乎天，人本乎祖，此所以配上帝也”（《礼记·郊特牲》）。人之所受天理就是“性”，“性就是天生成许多道理”。[③]

天地未分之时，自然秩序与规律并不容易被发现，而是蕴含于讳莫如深的“道”之中。天之所生万物，乃借由圣人功德参合，道术始生，道者，万事万物同行之道，其虽万变，而始立于一，“气化流行，生生不息，是故谓之道”。[④] 大约天道既是一种物质的客观存在，也是一种世界的精神本源。它具有可被感应的人格意志，只是这种意志讳莫如深，非圣人所不能知，“皆知其所以成，莫知其无形，夫是之谓天”（《荀子·天论》）。

“天道”（或“天之道”）一词最早出现于春秋末期至战国早期的《左传》与《国语》二书。公元前 693 年，楚武王派军阵“荆尸”

① 参见（宋）朱熹：《朱子语类》卷四《性理一》，第 63 页。
② （宋）朱熹：《朱子语类》卷八十三《书程子禘说后》，第 3923 页。
③ （宋）朱熹：《朱子语类》卷五《性理二》，第 83 页。
④ （清）戴震：《孟子字义疏证》卷中《天道》，北京图书馆出版社 1997 年版，第 1a 页。

渡汉伐随，入宫告于夫人邓曼，称其心神不宁，邓曼叹曰："王禄尽矣。盈而荡，天之道也。"（《左传·庄公四年》）邓曼认为君王若死于军途中是国家之福，后楚武王果卒于樠木之下，正是应了天意。这是"天道"一词的最早的史料记载。"天道"最早的含义有多种，如神意、天象、自然规律、天命等。"道"立于"一"，与《易》的"大极"、《礼》的"大一"同义，均谓形气之始（《易纬·乾凿度》）。既是自然的体现，又是法度之母，"道者，古今之正权也"（《荀子·正名》）。"道法自然"的本质在于"道"也与自然一样，是"无所由生而常生者"，因此，"道"也存在着无须论证的合法性基础，只能是"物自违道，道不违物"（《列子·仲尼》）。而礼必本于天、顺于天，这个命题也如天道本身的存在一样无从论证，故谓天道至教，礼者天之经，盖礼以顺天，亦天之道。

由上观之，天的意志就是天道，天道的本质是绝对存在秩序的一种拟制。天道无气数、义理之分，因而人性也无气质、义理之别。既然道之大隐晦难寻，而人类之初一片混乱、混沌难群、民智未开、毫无廉耻，与飞禽走兽无异，只有先王能"明于天之道"（《易·系辞》）。为了使生民存活于自然，使物与欲两者不相违背，"先王"作为自然法的奠基者，其任务是因天地之常，感念日月、星辰、四时、阴阳的自然之道而"布气治性，次置五行"（《新语·道基》）。"圣人者愍其然，于是作而治之。择其贤智而君长之，分其土田而疆域之，聚其父子、兄弟、夫妇而安养之，施其礼乐政令而纲纪之，明其道德、仁义、孝慈、忠信、廉让而教导之"。[①] 通过"法""因""则""顺"等方式，依据日月阴阳轮回往复的规律，将

① （宋）司马光：《传家集》卷七十一《闻喜县修文宣庙记》，收入《钦定四库全书》集部别集类，第一千零九十四册，第649a页。

天地之道转化为人道,实际上表现为天的法则与人的本性是相连的,人性依附于天道,表现为人定法是自然法的模写,“道出于天,先王制礼以达之”。因此,礼又被称为“理想法”或“先王之法”,是自然法(永恒法)的转述者,也代表着最高的人定法。

归根结底,人所追求的道,既不是天道,也不是地道,而是“人之所道也,君子之所道也”(《荀子·儒效》)。从天受教,化天道为人道,礼是天道在人道的现实尺度,是自然秩序的代名词。正是因为自然以及自然之道中存在着上下、清浊、阴阳、动静这种“元”的属性,因此人的尺度与伦理也必然带有自然的等级与尊卑属性,否则人道便无从在自然中立足。因而礼之大体,在于“体天地,法四时、则阴阳、顺人情,故谓之礼”(《礼记·丧服四制》)。如父子之亲、君臣之义、夫妇之别、长幼之序,都是缘于对天地、四时、阴阳、人道的遵从。正是“天”的观念与“群”的观念相互交织,使礼兼具自然法的标准与特质。一方面,“礼”的最初含义便包含着“天道与人情”“尊卑与秩序”这两组鲜明的自然观念;另一方面,“礼”包含着“会意、顺从、遵守”等自然法的思想。

四、“先王作则”

礼始于天道,感于先王作则。先王作则,以天地为本,以礼义为器。以天地为本,则物可举,以礼义为器,行事有考。天道本于大一,先王本于太极,先王即天道,别无二致,故曰“圣人,太极之全体”。[①] 圣人以仁育万物,义正万民,圣人之政治,以两者为端首。如“舜尽事亲之道而瞽叟底豫”“曾参启手启足”“申生无所逃而待烹”“伯奇之履霜中野则用于从而顺令”,[②]可以说先王与天

① (宋)朱熹:《朱子全书》第十三册《太极图说解》,第144页。

② (宋)朱熹:《朱子全书》第十三册《西铭解》,第144页。

地合德，如同兄弟与父母合德，先王事天之道，而天心豫之以礼。“天地之常，以其心普万物而无心；圣人之常，以其情顺万事而无情。”[①]天地以此心普及万物，人得之则为人心，物得之则为物心，禽兽得之则为禽兽之心，万事万物之心同为一理，无所偏颇，谓天地之常无心；先王因天地之心而生出仁、义、礼、智诸端之“性”，“性”又感于恻隐、羞恶、是非、辞逊诸端之“情”，圣人之心统性情、该体用，谓圣人之常无情。

先王与自然、与道一样，毕竟只是一个虚拟的概念，既非个体，也无具体指称。之所以能则天之明，因地之利而立人间之法，完全在于它与天地本为一体，其德本于天地，其性本乎阴阳，无欲无求，无为无造，“与天地合其德，以百姓比刍狗”（《道德经 · 五章》）。先王之所以能别于众人，在于其有“独智”，能仰观天文，俯察地理，图画乾坤，以定人道，领悟天地自然间循环不紊之道，令万物生生不息，并能制定事天地、奉鬼神、洽人伦、安政教的“节文”。

圣人的践履便是礼。太极之“理”由太初之“气”发，太初之“气”发则太始之“形”备，于是人皆有形，人有万形就有万理，所以人之天性就是理。气之所发有清有浊，人之形有贤有愚，“故有形虽人而心实禽兽，是不足以践其形矣。惟圣人能全其形之理，故可以践其形也”。[②] 依据朱子“礼理一体”的观点，圣人占据着礼理的制高点，“所以观乎天地，则知圣人，观乎圣人，则知贤人，观乎贤人，则知众人”（《法言 · 修身》）。乾坤交感化成万物，而天地

① （宋）程颢、程颐：《河南程氏文集》卷二《明道先生文二 · 答横渠张子厚先生书》，第460页。

② （宋）朱熹：《朱子文集》卷五十六《答朱飞卿》，第2675页。

万事又悉归一理，圣人不出，则不能合异会同。圣人之形就是绝对归一的理，也是绝对的礼。圣人的践履就是众生效仿的标杆，是众生所遵循的礼。

先王践履，只是承天之启，顺天而为，被誉为“天之口”（《潜夫论·考绩》），其“动作有为，必度于天，天之所欲则为之，天所不欲则止”（《墨子·法仪》）。圣人用礼义、法自然、治人情的举动被后世称之为“品节之以为法于天下”。其本身成为自然法的标杆，是仪节法度的典范与渊薮。圣人所以能使其民，以能制礼作乐之故。

先王美德既存，独智既具，又知礼义本于天道自然之间，为导启民智，便通过“示民有常”的方式去获取礼的“义”与“仪”，并使礼成为教化生者、抚慰灵神的根本手段。因之，礼最初的形态便是通过祭祀的手段从领悟生与死、天地与鬼神之义开始。三代之际，圣王敬天地乃万物主宰，鬼神存乎其中，故节文以沟通，示民以致富，如“皇天眷佑有商，俾嗣王克终厥德，实万世无疆之休”（《尚书·太甲》）。“兹予大享于先王尔祖其从与享之，作福作灾，予亦不敢动用非德”（《尚书·盘庚上》）。“黩于祭祀，时谓弗钦，礼烦则乱，事神则难”（《尚书·说命》）。圣人则天之明，因地之利，取法度于鬼神，以制礼下教会，既又祀之，尽敬教民，其功至大至伟。

“夫礼之初，始诸饮食”（《礼记·礼运》），礼有万端，而饮食所以养生，又及其死，则升屋北面，告天三复，皆从其初。后世的货力、辞让、饮食、冠、昏、丧、祭、射、御、朝、聘之礼，皆自圣人感悟生死轮回、天地运转所出。如吉礼、祭祀始于神农，嘉礼始于伏羲，宾、军、凶礼、祭山川、祭日月星辰、祭祖庙五祀始于黄帝、祀天地始于女娲，圣人为使礼达于下，便祭郊、社、祖庙、山川、五祀。以祭祀定天地之列、以序人伦之位，报功于鬼神、追孝于祖考。礼之所取在祭祀，先王为明鬼神之所欲，避鬼神之所憎，兴利除害，必“齐戒沐浴洁，以为酒醴粢盛，以祭祀天鬼”（《墨子·尚同中》）。三代之礼，无论冠、昏、丧、祭，究其本质皆以享神祭鬼为核心的原始礼仪。

A Discussion on the Origin of Ritual by Chu Hsi

Peng Weimin

Abstract: Chu Hsi believes that ritual is an absolute natural rationality. Ritual is the reflection of the natural law of Tai Chi. The so-called Tai Chi is the state when the universe is in chaos. It can be called "Da Yi", or it can be called the "Da Chi". The philosophical meaning of ritual is the expression of the principle of "Da Yi Tai Chi". As an absolute order, natural law is another expression of "Tai Chi".

Keywords: ritual; natural law; Tai Chi; Chu Hsi

【理论探究】

不真正连带责任立法否定论

汤 敏*

摘 要:不真正连带责任独立性肯定论者认为,不真正连带责任有其独立价值。值民法典编纂之际,应增加不真正连带责任的一般规定。否定论者认为,不真正连带责任并无独立性。无论是考察域外立法例,还是就不真正连带责任的内外双重法效而言,抑或从不真正连带责任的程序表达来看,不真正连带责任可以为连带责任所吸收。民法典不宜规定不真正连带责任的一般规定。

关键词:不真正连带责任;连带责任;民法典编纂

不真正连带责任,自其出生以来即伴随着不断争议,它就像雾都孤儿一般孤独迷茫。由德国学者创立它。及至现今,时光荏苒,世事变迁,中国的民事立法从借鉴德日民法体系至今,似乎习惯了以师为上。《中华人民共和国侵权责任法》(以下简称《侵权

* 西南政法大学民商法学 2016 级博士研究生。

本文系重庆市哲学社会科学规划项目博士项目“侵权法中的公共政策研究”(编号 2016BS010)。

责任法》）制定之后，学界多数观点认为，该法规定了不真正连带责任。[①] 杨立新教授认为，《侵权责任法》第41条、第44条、第59条、第68条、第83条、第85条、第86条规定了七种不真正连带责任的情形。但也有一些学者提出了质疑，认为我国现行《侵权责任法》不采用所谓的“不真正连带债务”概念。[②] 还有些学者试图反思与更新不真正连带责任的相关理论。[③] 时至今日，在民法典编纂立法进行时，杨立新教授主张值此契机，于民法典中增加不真正连带责任的一般规定。[④] 那么，《侵权责任法》是否规定了不真正连带责任？民法典是否有必要对不真正连带责任进行一般规定？这两个问题都围绕着一个基础性问题而展开，即不真正连带责任的独立性。对于这个问题的不同回答，学界形成了肯定说和否定说。

一、不真正连带责任独立性肯定说

肯定说，在这场论争中占据了优势地位。肯定说主要的论战基础，在于不真正连带责任的特殊内涵及其独立于连带责任的特有品质。

（一）不真正连带责任的内涵

德国民法学界对《德国民法典》第421条进行了限缩解释，认为德国民法上存在不真正连带债务。[⑤] 借鉴德国民法学说，肯定

---

① 参见王利明：《侵权责任法研究》（上卷），中国人民大学出版社2016年版，第596页。

② 参见梁慧星：《读条文 学民法》，人民法院出版社2014年版，第422页；阳雪雅：《论不真正连带责任独立性的缺失》，载《学术论坛》2011年第5期；章正璋：《我国〈侵权责任法〉中没有规定不真正连带责任》，载《学术界》2011年第4期。

③ 参见李中原：《不真正连带债务理论的反思与更新》，载《法学研究》2011年第5期。

④ 参见杨立新：《民法分则侵权责任编修订的主要问题及对策》，载《现代法学》2017年第2期。

⑤ 参见税兵：《不真正连带之债的实定法塑造》，载《清华法学》2015年第5期。

论者认为,不真正连带责任有其独立价值。正如他们长期持守的定义一般,不真正连带责任的规则是,数个责任人基于不同的原因而依法对同一被侵权人承担全部赔偿责任,某一责任人在承担责任之后,有权向最终责任人要求全部追偿。[①] 杨立新教授主编的《东亚侵权法示范法》第69条给出了不真正连带责任的法典化表达,第1款规定的内容是,“基于同一个损害事实产生两个以上的赔偿请求权,数个请求权的救济目的相同,但只有一个责任人是最终责任人,法律对请求权的行使顺序没有特别规定的,受害人可以选择其中一个或者数个请求权行使,请求承担赔偿责任。受害人获得全部赔偿之后,全部请求权消灭”。第2款规定的内容是,“受害人请求承担责任的责任人不是最终责任人的,承担中间性责任的责任人在承担了赔偿责任后,有权向最终责任人追偿”。[②] 第1款规定了不真正连带责任的产生原因、救济目的、责任终局、行使顺序和对外效力。不真正连带责任的产生原因在于同一损害事实;债权人的请求权救济目的相同;该责任形态中存在最终责任人,与之相对应的是中间责任人,最终责任人承担终局责任;不真正连带责任的请求权的行使一般无顺序要求,这与补充责任的顺位要求不同;其对外体现为债权人请求权的可选择性,这与连带责任的对外效力相同。第2款规定的是不真正连带责任的对内效力,中间责任人承担责任之后可以向最终责任人追偿。时至今日,陈华彬教授认为,“不真正连带债务”这一概念及制度本身依然具有理论与实务上的意义,应继续保留并完善之。[③]

① 参见王利明:《侵权责任法研究》(上卷),中国人民大学出版社2016年版,第596页。

② 杨立新主编:《东亚侵权法示范法》,北京大学出版社2016年版,第26页。

③ 参见陈华彬:《债法总论》,中国法制出版社2012年版,第230页。

（二）不真正连带责任与连带责任的区隔

不真正连带责任的独立性问题，主要体现在其与连带责任的比较之中，肯定论者认为不真正连带责任有其自身品质、自我要件构成、独特制度魅力。

1. 不真正连带责任的特征

我国有学者认为，不真正连带责任的特点在于：其一，不真正连带责任是数个责任人基于不同原因产生同一给付内容，即在"原因同一说"区分标准下，强调不同的责任原因；其二，强调给付内容的重合性，即数个责任人的责任内容是相同的，即损害结果具有唯一性；其三，被侵权人在不真正连带责任产生之后，对数个侵权人享有选择主张请求的权利；其四，不真正连带责任的实行规则是部分责任人履行之后，全部责任消灭，进而产生内部追偿问题，只不过这种追偿是中间责任人向终局责任人的单向追偿。

王利明教授认为，不真正连带责任虽然与连带责任看似一样，但实则不同。不真正连带责任，具有区别于连带责任的特殊价值和独立意蕴。首先，不真正连带责任不像连带责任那般由"法律明确规定"的"加重责任"，它是学者从法律规定中"解释出来的一类责任"。其次，不真正连带责任中各项责任产生的原因不同以至于各项责任"分别存在"，而连带责任通常是基于"同一原因"产生。再次，不真正连带责任与连带责任的一个重要区别是，不真正连带责任存在全部追偿问题。最后，在不真正连带责任中存在终局责任人。[①] 杨立新教授在认可上述区隔的基础上，补充认为，不真正连带责任区别于连带责任的特征还在于：不真

① 参见王利明：《侵权责任法研究》（上卷），中国人民大学出版社2016年版，第596～597页。

正连带责任存在“数个侵权行为”，造成“同一损害事实”，数个侵权责任相互重合，这里的责任重合包括责任性质、责任方式和责任范围都重合。此外，还有一个基本的区别就是，不真正连带责任虽然在形式上如同连带责任一般具有形式上的连带性，但实质上却逃离了连带责任实质的连带性。[①]

2. 不真正连带责任要件

有学者从不真正连带责任的要件角度分析其特征。例如，姬新江教授认为，不真正连带责任必须符合四个条件，即主体、客体、主观、客观四个方面的要件：(1)在主体方面，须有两个或两个以上具有民事行为能力的债务人；(2)在客体方面，数个债务人承担同一给付内容；(3)在主观方面，表现为各债务人主观上没有共同的意思联络；(4)在客观方面，表现为数个债务人基于不同的法律关系对债权人负有债务。[②] 总之，不真正连带责任的特点，体现在以下四个方面：第一，从主体方面来看，不真正连带责任的责任主体需是两个或者两个以上具有民事行为能力的侵权人。不真正连带责任属于多数人侵权责任之一种，需满足多数人侵权之一般主体构成要件。第二，从客体方面来看，不真正连带责任的客体为同一给付行为。一般侵权责任的客体均为给付行为，不真正连带责任也不例外。数个侵权人基于不同的侵权行为而对被侵权人产生同一给付行为，这是不真正连带责任中“连带”之内涵，即所谓的对外连带。第三，从主观方面来看，各个侵权人没有共同的意思联络。首先，如果有共同的意思联络，则可能构成共同侵权，从而产生连带责任，就不属于不真正连带责任的范畴。其

① 参见杨立新：《侵权法论》，人民法院出版社2011年版，第747～748页。

② 参见姬新江：《共同侵权责任形态研究》，中国检察出版社2012年版，第234～236页。

次，因为不真正连带责任是数个侵权人因违反法定义务或基于不同的侵权行为而偶然承担具有同一给付内容的责任，所以数个侵权人在主观上不具有意思联络。这一点将不真正连带责任与真正连带责任区分开来。第四，从客观方面来看，部分侵权人存在侵权行为，部分侵权人不存在侵权行为，而对被侵权人负担同一损害赔偿责任；但是数个侵权人之间存在终局责任人，这就是不真正连带责任中“不真正”之内涵，即所谓的对内不真正连带。也就是说，中间责任人承担“不真正”的中间责任，终局责任人承担的才是真正的侵权责任。其实，这种构成要件分析模式是对不真正连带责任特征的另一种表述，两者大同小异。

3. 不真正连带责任的制度价值

(1)方便诉讼

王竹教授认为，不真正连带责任具有其特殊的制度价值：①赔偿权利人起诉时无须确定最终责任人，起诉程序负担较小。②可以适用于最终责任人不明的情形。③一般存在对于受害人来说起诉较便利的责任人。④责任人之间一般具有一定的合作关系。⑤不真正连带责任人一般都可能通过商业保险来规避风险。[①] 这五点价值并非独立的五个方面的价值，从某种程度上来说只有一个价值，即方便受害人获得救济，而手段就是诉讼便捷。无论从地域，还是人力、财力的消耗上来说，起诉离被侵权人较近的责任人对被侵权人来说是方便的也是经济的，[②]前三点无不体

---

① 参见王竹：《论法定型不真正连带责任及其在严格责任领域的扩展适用》，载《人大法律评论》2009 年第 1 期。

② 参见张力、郑志峰：《侵权责任法中的第三人侵权行为——与杨立新教授商榷》，载《现代法学》2015 年第 1 期。

现这个价值。但是需要正本的是,这种诉讼上的便捷并非不真正连带责任区别于连带责任的独立价值,连带责任也具有这样的制度价值。后两点实在难谓不真正连带责任的制度价值。与其说是制度价值,不如说只是一种偶然的制度映射,而这种制度映射甚至都不构成不真正连带责任的制度特征。

(2)限制连带责任的适用

不真正连带责任的独立性,“更多地取决于是否采行连带债务成立的严格限制主义立法模式”。[①] 不真正连带责任与连带责任在制度目的上都是保护被侵权人的利益,但是为了防止连带责任被过分使用,不真正连带责任有着限制连带责任的功能。例如,有些案例中,如果原告一并起诉中间责任人和终局责任人,法院判决由终局责任人一人承担损害赔偿责任,对中间责任人,法院未课以民事责任。有些学者认为,这是不真正连带责任对连带责任限制的体现。通过对司法实务中关于不真正连带责任判决表达的分析,我们发现,这种限制是极其微小的,从某种程度上来说,甚至不构成限制,而且限制论无法从价值上、逻辑上来论证连带责任相对于不真正连带责任的制度恶性。

不真正连带责任独立性肯定论者认为,无论是在理论上还是实务上,不真正连带责任有其独立价值,值此民法典编纂之际,应增加不真正连带责任的一般规定。肯定论者为了限制连带责任的适用范围,从而认为,不真正连带责任区别于连带责任的标准从“同一原因说”“目的共同说”发展到“同一层次说”,但“同一层次说”并不为我国立法例所接纳。肯定论者还认为,不真正连带

① 参见张定军:《连带债务研究——以德国法为主要考察对象》,中国社会科学出版社 2010 年版,第 263 ~ 264 页。

责任的制度价值在于诉讼经济，但该价值并非逃逸连带责任制度价值而产生的红利。

二、不真正连带责任独立性否定说

即使在今日的日本，“不真正连带债务”这一概念也面临被重新追问或检视的境遇。[①] 中国民法学界也存在质疑者，他们质疑不真正连带责任是否真的发挥着肯定论者预期的功效、是否实质性地有别于连带责任。对于不真正连带责任独立性肯定者所列举的那些典型情形，在否定者看来均不是不真正连带责任。不过，具体到肯定说的不真正连带责任与连带责任的区隔，否定说内部却也无统一意见，而形成了三种不同的观点：其他数人侵权责任补充连带责任、赔偿请求权让与法理、连带责任逻辑张力足以涵射不真正连带责任。其中，第一种、第二种观点在逻辑层次上否认所谓不真正连带责任与连带责任的逻辑基点的同一性，而第三种观点直接以连带责任吸收不真正连带责任。

（一）其他数人侵权责任补充连带责任

数人侵权责任中的一些问题是连带责任无可奈何的，但这并不表示不真正连带责任可以解决这些问题。正如梁慧星教授所言，侵权责任法未采用所谓的“不真正连带债务”概念，而是以其他形式的数人侵权责任来补充连带债务的涵射无力，如按份责任、补充责任、垫付责任、相应的责任等。[②] 这些法律上明确规定的责任形态，足以解决多数人侵权责任纠纷，无须另行创设不真正连带责任概念。

---

① 参见陈华彬：《债法总论》，中国法制出版社2012年版，第230页。

② 参见梁慧星：《读条文 学民法》，人民法院出版社2014年版，第421页。

(二)赔偿请求权让与法理

有学者认为,所谓的不真正连带责任的情形并不存在“连带责任”的法效,这些情形相较普通债务,债权人仅具有一定的“可选择性”而已。不真正连带责任,事实上体现的是赔偿请求权让与的法理:非终局责任人的给付在性质上属于预付,其给付并不导致终局责任人债务的消灭,而只是发生债权人针对终局责任人的赔偿请求权让与给预付人的效果。[①] 让与请求权有其独特气质并存在于争议的不真正连带责任情形中,直接追偿模式从某种意义上来说也是契合了这种独特的气质。中间责任人向被侵权人承担赔偿责任以后,被侵权人对终局责任人的赔偿请求权让与给中间责任人,中间责任人据此可以追偿自己付出的代价。同样地,赔偿代位也有如斯功能。这种观点并非合理,《侵权责任法》依据责任主线制定,无论是中间责任人还是终局责任人,本质上都是责任人,为何责任人享有让与请求权?按照不真正连带责任的对外效力,中间责任人赔偿是基于自己对被侵权人的损害赔偿义务,其履行行为正是消灭自己债务的行为,为何又能获得被侵权人的请求权让与?被侵权人的债权为何又被中间责任人代位?这更是值得深入研究的问题,毕竟被侵权人并非像代位权的要件那般消极地行使权利。在被侵权人积极行使权利的情况下,法律又如何依据代位理论处理纠纷?

(三)连带责任逻辑张力足以涵射不真正连带责任

针对连带责任解决数人侵权乏力的问题,有学者认为,这并非一个真正棘手的问题,连带责任的逻辑张力足以涵射不真正连

① 参见章正璋:《我国〈侵权责任法〉中没有规定不真正连带责任》,载《学术界》2011 年第 4 期。

带责任的管辖范围。因为不真正连带责任的制度价值，符合连带责任的适用目的。阳雪雅博士进一步解释，不真正连带责任与连带责任的区分标准不那么明显：偶然行为造成损失之区分标准已被客观要件关联连带责任的出现而冲淡；债务人内部是否存在分担关系标准正逐渐松动，某些不真正连带责任重建内部追偿关系；是否基于不同发生原因标准在连带责任中也普遍存在。[①] 也有学者认为，现行连带责任并非可以完全吸收不真正连带责任，不过为了实现连带责任吸收不真正连带责任的目的，我们只需要将对连带责任的认识修正为准则主义。例如，对连带责任的适用范围、抗辩权、请求权、追偿权、变更、消灭、判决、时效、放弃等内容进行详细规定，这样就严格限制连带责任的解释空间。准则主义有利于将见仁见智的“不真正连带”责任情形，纳入有名有实的真正连带的体系内，避免不真正连带责任在连带理论和实践上的随意。[②] 无论是现行连带责任制度内核已经有足够的自信容纳不真正连带责任，还是经修正的准则主义连带责任可以涵射不真正连带责任，这种观点的逻辑体系和学术追求均在于，不动声色地将不真正连带责任消灭在制度层面，而仅仅使用连带责任维系数人侵权加重责任。

不真正连带责任否定论者，质疑不真正连带责任区别于连带

① 参见阳雪雅：《论不真正连带责任独立性的缺失》，载《学术论坛》2011 年第 5 期。正如有学者所观察的，中国现行民商事法律当中规定了许多承担连带责任的情形，但是，除了共同故意侵权和在同一个合同中相互约定承担连带责任外，其他的连带债务均不具有相同的法律原因；连带债务的各债务人之间也可能存在着最终的责任人，例如，连带保证，参见章正璋：《我国〈侵权责任法〉中没有规定不真正连带责任》，载《学术界》2011 年第 4 期。依据所谓的发生原因是否同一、各债务人之间是否具有分担部分及追偿权、能否同时起诉一个、数个直至全体债务人等标准，根本无法准确区分真正和不真正连带，参见马立钊：《连带与不真正连带关系辨析》，载《社会科学辑刊》2015 年第 3 期。

② 参见马立钊：《连带与不真正连带关系辨析》，载《社会科学辑刊》2015 年第 3 期。

责任的标准是否为实质标准。有些否定论者认为，其他数人侵权责任可以补充连带责任，而无须另外创设不真正连带责任概念；有些认为，不真正连带责任并非数人侵权责任之一种，而仅仅是赔偿请求权让与法理的具体化；还有些认为，连带责任的逻辑张力足以涵射肯定论者言明的不真正连带责任。

三、不真正连带责任立法否定论——民法典编纂的应有态度

笔者赞成否定说，《侵权责任法》有没有规定不真正连带责任是个事实判断问题，而非价值判断问题。只要法律条文中有符合不真正连带责任的样态，那么就应当承认其法律规范地位。如果肯定论者所列举的条文并非不真正连带责任的规范样态，那么就不应承认其法律规范地位。以法律条文的规范是否符合不真正连带责任的构成要件，我们发现《侵权责任法》中的第 43 条、第 59 条、第 68 条、第 83 条的内容并非不真正连带责任类型。

(一)域外立法例考察

在我国学者列举的不真正连带责任类型中，以《侵权责任法》第 43 条规定的产品责任为典型，但是这条是否为不真正连带责任以及民法典编纂之时是否有必要明确该条的不真正连带责任定性，均颇有争议。

1.“原因同一说”“目的共同说”“同一层次说”的域外考察

(1)瑞士

在比较法上，瑞士联邦最高法院的观点是，基于共同主观过错而成立真正连带责任，而在不存在共同主观过错的情况下，数人相互独立的行为或者基于不同发生原因造成同一损害后果的，当事人承担不真正连带责任。此处的区分标准即在于发生原因是否基于主观上的共同过错，即“目的共同说”，但这种区分标准

被瑞士学者认为是没有说服力的区分标准,“不真正连带责任”的概念也一直为学者批评。①

(2)日本

在日本学说和判例中存在不真正连带责任理论,但《日本民法典》的规定却与前述瑞士民法的规定有着丝丝差别。《日本民法典》②第719条规定了三项规则:(1)共同侵权行为,因数人共同实施侵权行为加害于他人的,各自承担连带赔偿责任。(2)加害人不明的共同侵权行为,类推适用共同侵权行为规则。(3)教唆和帮助行为,类推适用共同侵权行为规则。日本的判例和学说将本条的“连带”理解为不真正连带,其原因在于:共同侵权行为人之间并不存在密切的主观共同关系以及不适用《日本民法典》第434条以下的绝对效力规定对受害人更有利。③ 比较中日民法而言,这两种理由在中国法上不能成为认定连带为不真正连带的正当理由:(1)在中国法上,《侵权责任法》第8条规定的共同侵权行为也是如《日本民法典》一般,“二人以上共同实施侵权行为”,同样的法典表达,中国民法学说并没有认为这种情形属于不真正连带责任。相应地,教唆帮助行为、共同危险行为分别规定在《侵权责任法》第9~10条,中国民法学界关于这两条的认识,均为连带责任而非不真正连带责任。(2)关于《日本民法典》第434条涉及的请求的绝对性效力,连带债务人其中一人的履行请求,对其他债务人亦发生效力。日本学说和判例认为,共同侵权行为适用连

① 参见[瑞]海因茨·雷伊:《瑞士侵权责任法》,贺栩栩译,中国政法大学出版社2015年版,第389页。

② 参见《日本民法典》,王爱群译,法律出版社2014年版,第115页。

③ 参见[日]吉村良一:《日本侵权行为法》,张挺译,中国人民大学出版社2013年版,第187页。

带责任对受害人不利,但正如日本学者所言,《日本民法典》第432条至第445条规定的连带债务,有"对受害人有利的条文"。[①] 如果仅从条文表达判断是否对受害人有利,显然不符合连带责任的规范意旨,故日本民法学说发展认为,不必严格区分连带债务还是不真正连带债务。[②] 日本判例和学说关于不真正连带责任的认识与其他国家关于共同致人损害的规定也大有不同,例如,《俄罗斯联邦民法典》第1080条规定的共同侵权责任,即共同造成损害的人向受害人承担连带责任。[③] 所以,日本民法学界和司法实务界的部分认识不足资鉴。

(3)德国

《德国民法典》第421条规定:一人以上以其中每一人有义务履行全部给付,但债权人只有权请求给付一次的方式,负担一项给付的(连带债务人),债权人可以随意向其中任何一个债务人请求全部给付或部分给付。到全部给付被履行时为止,全体债务人仍负有义务。[④] 如果该条是不真正连带责任规范,那么该法关于连带责任的一般规范设置在何处呢?而且,从该条所表述的数人责任对外效力而言,其正是体现了连带性。这种连带性仅仅是指债权人可以要求任一债务人承担部分或者全部责任。正如前文所分析的,在对外效力上,连带责任和不真正连带责任并没有本质区别。

① 参见[日]吉村良一:《日本侵权行为法》,张挺译,中国人民大学出版社2013年版,第187页。

② 参见于敏:《日本侵权行为法》,法律出版社2015年版,第446页。

③ 参见《俄罗斯联邦民法典》,黄道秀译,北京大学出版社2007年版,第371页。

④ 参见《德国民法典》,陈卫佐译注,法律出版社2010年版,第147页。

(4)其他国家和地区

我国有学者认为,不真正连带责任和连带责任的区别之一是,连带责任的发生原因通常是同一的,而不真正连带责任的发生原因是偶然的不同原因。[①] 在比较法上,我们似乎看不到这样的身影,更多的是,不管发生原因是否同一,均规定在连带责任之中。例如,《智利共和国民法典》第1512条规定,数人连带负欠的债务或数人连带享有的债权,即使样态不同,标的也必须是同一的。[②] 该条规定的连带之债的"连带性"强调的是标的的同一性,而不管发生原因是否同一。与之相似的,《马耳他民法典》第1095条也规定了,即使各债务人所负义务不同,仍然可以构成连带债务。[③]

不真正连带理论在我国台湾地区"民法典"未有明确规定,但判例与学说则持一边倒的肯定态度。我国台湾地区学者借鉴了早期德国学说关于不真正连带责任的判决标准,例如,史尚宽、郑玉波、王伯琦、曾隆兴、孙本森、邱聪智等教授对不真正连带债务与连带债务判断标准的理解兼采"原因同一说"与"目的共同说"。[④]

王泽鉴教授主要受到拉伦茨教授的影响,采"同一层次说"。拉伦茨教授认为,区分连带之债和不真正连带之债最有说服力的判断标准是,义务是否是同一层次或者同一顺位的。[⑤] 该说认为

① 参见周友军:《侵权法学》,中国人民大学出版社2011年版,第335页。

② 参见《智利共和国民法典》,徐涤宇译,北京大学出版社2014年版,第235页。

③ 参见《马耳他民法典》,李飞译,厦门大学出版社2012年版,第233页。

④ 参见税兵:《不真正连带之债的实定法塑造》,载《清华法学》2015年第5期。

⑤ 参见 Larenz, Schuldrecht AT, 14. Aufl., §37 Ⅰ, S. 408。转引自王洪亮:《债法总论》,北京大学出版社2016年版,第501页。

在保证责任中,保证人与债务人之间成立不真正连带债务。担保法已明确规定连带责任保证,而非不真正连带责任保证。从这个意义上来说,担保法的认识是,连带责任吸收不真正连带责任。

2. 不真正连带责任为连带责任吸收的域外考察

在比较法上,1999 年生效的《土库曼斯坦民法典》可谓较新的民法典,该法典以德国民法专家们拟定的草案作为编纂蓝本,多数制度沿袭大陆法系民法特色,体现了大陆法系法学的最新研究成果。[①]《土库曼斯坦民法典》第 1048 条明确将瑕疵产品责任规定为连带责任而非不真正连带责任,"同一损害可归责于多个产品的,则这些产品的制造者应承担连带赔偿责任"。[②] 根据《土库曼斯坦民法典》第 1046 条的关于产品以及产品制造者的定义,产品出售人也被视为产品的制造者,出售产品的行为也属于第 1048 条规制的瑕疵产品责任管辖范围。

从各国和地区关于连带责任的学说发展来看,一种包括不真正连带债务在内的宽泛统一的连带性学说日益成为各国和地区理论发展的趋势。从立法的集约性和实用性的原则出发,不真正连带债务尚不宜在立法上予以规定。不真正连带债务以及层次划分理论只需作为一种主导性的法解释模式存在于司法和理论中。[③] 李中原教授进一步给出四条原则性建议:(1)宽泛界定连带债务,强调连带债务的整体性和选择性。(2)适用范围包括约定和法定,允许根据多数人债务(或责任)的性质进行推定。(3)在绝对效力问题上,只需规定清偿、提存、抵销具有绝对效力,其他

① 参见《土库曼斯坦民法典》,魏磊杰等译,厦门大学出版社 2016 年版,中文版序言。

② 同上书,第 181 页。

③ 参见李中原:《不真正连带债务理论的反思与更新》,载《法学研究》2011 年第 5 期。

情况由于无法完全归纳且变化复杂，所以立法上的简单规定或者详细列举均不可取，应留待判例、司法解释予以解决。(4)在多数债务人内部求偿关系上，除传统的份额原则外，应明确规定"当债务应归属于多数债务人中之一人时，不适用份额原则，而应由该人单独承担债务(或承担终局责任)"。[①] 笔者原则上同意李中原教授的观点，但有以下问题值得商榷：(1)综观各国和地区相关规定，难觅允许根据多数债务人的性质进行连带责任推定的立法例，例如，《法国民法典》第1202条、新《巴西民法典》第265条等条文。我国编纂民法典应如何规定连带责任推定规则呢？(2)绝对效力和相对效力绝不是区分连带责任和不真正连带责任的标准，依据我国《侵权责任法》第13条、第14条的规定，肯定论者从立法论的角度设置不真正连带责任的制度规则绕不开不真正连带责任和连带责任对内、对外效力的实质区隔。(3)关于连带责任的份额问题，笔者同意上述建议，但是宜作如下修正：连带责任以数责任人之间存在责任份额为原则，责任份额的确定需要考虑数责任人的原因力或过错程度。如果难以确定，则数责任人平均承担责任；法律关于责任份额有特殊规定的，依照其规定。这样就将完全追偿的情形作为连带责任的特殊规则来适用。

(二)不真正连带责任法效阙如

1.不真正连带责任对外效力等同于连带责任对外效力

不真正连带责任的实质内涵就是其对外效力，强调债权人与数个债务人之间的权利义务关系。《韩国民法典》第413条规定，

① 参见李中原：《不真正连带债务理论的反思与更新》，载《法学研究》2011年第5期。

数债务人负有各自履行全部债务的义务，如因债务人中的一人的履行使其他债务人的义务也免除的，则该债务为连带债务。[①] 从该条内容可以看出，韩国民法上的“连带债务”概念是从连带债务外部效力界定，即数个债务人与债权人之间的权利义务关系角度定义的，而并不考虑数个债务人之间的债务分担关系。新《巴西民法典》第 264 条、第 275 条也规定了连带债务的对外效力，“债权人有权向一个或几个债务人请求并获得部分或全部的共同债务之履行”。[②]《荷兰民法典》(债法总则编)第 7 条第 1 款也规定了相似内容，“债权人可以向任一债务人请求全部履行”。[③]《法国民法典》第 1200 条规定了相似内容，即“诸债务人负担同一债务，其中每一人均对债的全部负清偿责任”。[④] 诸债务人成立的是连带关系。作为我国不真正连带责任典型类型的产品责任，“因产品存在缺陷造成损害的，被侵权人可以向产品的生产者请求赔偿，也可以向产品的销售者请求赔偿”的规定与《韩国民法典》《巴西新民法典》《荷兰民法典》《法国民法典》规定的连带债务如出一辙，不真正连带责任的实质内涵就是连带债务，在数人责任外部效力这个层面上，不真正连带责任不具有独立性。

2. 不真正连带责任对内效力可以为连带责任吸收

不真正连带责任独立性肯定论者认为，《侵权责任法》第 43 条第 2 款、第 3 款规定的追偿是中间责任人向最终责任人完全追偿，此即不真正连带责任的对内效力。这种对内效力与连带责任

① 参见《韩国民法典　朝鲜民法》，金玉珍译，北京大学出版社 2009 年版，第 65 页。

② 《巴西新民法典》，齐云译，中国法制出版社 2009 年版，第 46 页。

③ 《荷兰民法典》，王卫国主译，中国政法大学出版社 2006 年版，第 162 页。

④ 《法国民法典》，罗结珍译，北京大学出版社 2010 年版，第 314 页。

的对内效力并无本质区别。连带责任的对内效力规定在《侵权责任法》第 14 条第 2 款,即“支付超出自己赔偿数额的连带责任人,有权向其他连带责任人追偿”。连带责任对内效力的法规范比较统一,例如,《葡萄牙民法典》第 524 条规定,作出超过本身须分担部分之给付以满足债权人权利之债务人,有权向每一共同债务人要求偿还其各自须分担之部分。[①]《路易斯安那民法典》第 1804 条规定的内容也与此相似。连带债务人之间,每人对其责任份额负责;为全部履行的连带债务人,尽管代位取得了债权人的权利,但其仅可向其他债务人提出不超过每人责任份额的主张。[②] 就数人责任对内效力而言,数责任人之间承担的仍然是自己的责任,即仅对自己需要承担的部分负责,超过自己负责的部分可以向其他责任人追偿,只不过在所谓的“不真正连带责任”中,中间责任人的自己责任份额为零,而最终责任人自己的责任份额为全部,所以中间责任人可以向最终责任人追偿全部,最终责任人仅能向中间责任人追偿零份额。不真正连带责任制度,一方面,是为了保护被侵权人之权益,救济被损害之事实;另一方面,也在平衡多个责任人之间的责任份额。其价值应当是内外两方面的。不真正连带责任与连带责任之区别,核心即为“不真正”。此处的“不真正”就是连带责任的不真正,中间责任人不是真正的连带责任人,只是在表面上对受害人而言是连带责任人,但对终局责任人而言,其不是责任人。也就是说,不真正连带责任的“不真正”体现的是不真正连带责任的对内效力;不真正连带责任的“连带”体现的是两方责任人对被侵权人的对外效力。不真正连带责任的

① 参见《葡萄牙民法典》,唐晓晴等译,北京大学出版社 2009 年版,第 93 页。

② 参见《路易斯安那民法典》,娄爱华译,厦门大学出版社 2010 年版,第 203 页。

对外效力与连带责任的对外效力是一致的,但是我们也惊奇地发现,两者在对内效力上却并不存在实质上的不同。连带责任在对内效力上存在追偿问题,一般是按份责任;不真正连带责任在对内效力上也存在追偿。有学者认为连带责任的追偿是双向追偿,不真正连带责任的追偿是单向追偿。这种认识显然只是两者的可能性,而具体到个案中,追偿往往只能是单向的。在对内效力自己责任分担之层面上,所谓的不真正连带责任并没有超出连带责任对内效力的统摄范围。从某种程度上来说,不真正连带责任是连带责任的异化,如果说连带责任是共同侵权类型的一般性责任,那么不真正连带责任就是连带责任在原因偶然结合下的特殊类型。

(三)不真正连带责任与连带责任程序表达的同质性

不真正连带责任的判决表达,反映了不真正连带责任的实质内核。不过,在不真正连带责任纠纷中如何确定判决,学界的观点见仁见智,司法实践中也有不同做法:有的直接按照连带责任处理,即直接判决数个被告承担连带责任,原告有权向任一被告或全部被告主张完全损害赔偿;有的判决最终责任人承担最终责任,中间责任人无须承担责任,很难找到不真正连带责任独立的程序选择和判决表达。

产品责任被认为是最典型的不真正连带责任,其规范依据在于《侵权责任法》第43条。笔者在中国裁判文书网搜集到若干高级人民法院关于产品责任纠纷的判决文书,产品责任纠纷的判决表达往往与连带责任的判决表达如出一辙。

在再审申请人王某甲与被申请人海伦市东源制油厂、北京北农大绥化经销处产品责任纠纷[①]中，黑龙江省高级人民法院认为：《侵权责任法》第43条规定“因产品存在缺陷造成损害的，被侵权人可以向产品的生产者请求赔偿，也可以向产品的销售者请求赔偿。产品缺陷由生产者造成的，销售者赔偿后，有权向生产者追偿。因销售者的过错使产品存在缺陷的，生产者赔偿后有权向销售者追偿”，而本案王某甲起诉了产品的生产者与销售者，故东源制油厂与北农大绥化经销处应承担连带赔偿责任。

在二审上诉人上海神力机械总厂与二审被上诉人方正县隆庆供热物业管理有限责任公司、哈尔滨鑫飞腾机电产品有限责任公司、吉林市物华商城旭成机电产品经销部购销合同赔偿纠纷[②]中，黑龙江省高级人民法院也认为，根据《侵权责任法》第43条“因产品存在缺陷造成损害的，被侵权人可以向产品的生产者请求赔偿，也可以向产品的销售者请求赔偿。产品缺陷由生产者造成的，销售者赔偿后，有权向生产者追偿。因销售者的过错使产品存在缺陷的，生产者赔偿后有权向销售者追偿”的规定，神力机械厂作为生产者应对其给隆庆供热公司造成的损失承担赔偿责任，鑫飞腾公司、旭成经销部应承担连带赔偿责任。

在上诉人曹某某与上诉人聊城市大中肥料有限公司、被上诉人通海县好天年农资有限责任公司、焦某、王某乙、聂某产品责任纠纷[③]中，云南省高级人民法院判决：聊城市大中肥料有限公司、通海县好天年农资有限责任公司、焦某、王某乙、聂某连带向曹某某赔偿损失30万元。

---

① 参见黑龙江省高级人民法院民事判决书（2016）黑民再230号。
② 参见黑龙江省高级人民法院民事判决书（2016）黑民再105号。
③ 参见云南省高级人民法院民事判决书（2016）云民终477号。

在上诉人天津市鹏凯建筑机械设备有限公司、崔某与被上诉人江苏南通二建集团有限公司产品责任纠纷[①]中，江苏省高级人民法院认为：根据我国《侵权责任法》第43条“因产品存在缺陷造成损害的，被侵权人可以向产品的生产者请求赔偿，也可以向产品的销售者请求赔偿。产品缺陷由生产者造成的，销售者赔偿后，有权向生产者追偿”的规定，作为产品供应者的生产方与销售方应对产品缺陷造成的损害承担连带赔偿责任，故承租人在使用产品过程中因产品缺陷造成损害的，作为产品供应者的出租人的责任方式，可以参照销售者的责任认定。原审法院判令崔某对天津市鹏凯建筑机械设备有限公司赔偿义务承担连带责任不违反法律规定，应予维持。

在再审申请人临邑县东方农机销售有限公司与被申请人王某丙、兖州市瑞安拖拉机制造有限公司产品责任纠纷[②]中，山东省高级人民法院认为，我国《产品质量法》及《侵权责任法》第43条均规定：因产品存在缺陷造成人身、他人财产损害的，受害人可以向产品的生产者要求赔偿，也可以向产品的销售者要求赔偿。属于产品的生产者的责任，产品的销售者赔偿的，产品的销售者有权向产品的生产者追偿。属于产品的销售者的责任，产品的生产者赔偿的，产品的生产者有权向产品的销售者追偿。依照上述法律规定，因产品存在缺陷造成人身、他人财产损害的，无论是产品的生产者还是销售者，两者均负有先行对受害人进行赔偿的法定义务。生产者或销售者在承担赔偿责任后，可以向对产品缺陷负有责任的另一方追偿。在本案中，因涉案拖拉机存在缺陷，给王

① 参见江苏省高级人民法院民事判决书(2015)苏民终字第00075号。

② 参见山东省高级人民法院民事判决书(2015)鲁民提字第670号。

某丙造成损害,原审法院判令作为销售者的东方农机公司与生产者瑞安拖拉机公司对王某丙的损害承担连带赔偿责任,并在裁决理由部分明确了东方农机公司的追偿权,该判决并未加重东方农机公司的民事责任,本院予以维持。

通过上述几则案例,可以看出,几个省的高级人民法院均将典型不真正连带责任形态的产品责任也按照连带责任来处理,这并没有加重数个责任人的责任,不违反法律的规定,符合《侵权责任法》的立法精神。

有学者认为,在判决中明确中间责任人对最终责任人的追偿权有违诉讼法基本法理。[①] 笔者认为,这种认识是不正确的。首先,从法的功能上来说,法律最基础的功能在于定分止争,诉讼法更是很好地承载着这样的功能。如果仅仅课以最终责任人承担赔偿责任而不涉及中间责任人,那么还是可以接受的;但是如果涉及中间责任人,中间责任人赔偿之后不能基于判决书而向最终责任人追偿,那么在两者之间,矛盾将会恶化,纠纷并没有得到解决,不能实现诉讼法的功能。其次,不真正连带责任的目的在于保护受害人,但并不排除不真正连带责任具有并不想惩罚中间责任人的制度功能,因为有时候中间责任人并不是不法行为人。中间责任人有时是不真正责任人,其主观上并没有恶意,其行为可能也并没有违法性,所以我们在保护受害人的同时顺带保护中间责任人的利益也是正当合理的。再次,就反面而言,我们也应该在一定程度上加大对终局责任人的惩处,直接赋予中间责任人向终局责任人追偿的判决基础,更有利于惩罚终局责任人。最后,

① 参见豆艳:《不真正连带债务的法律适用及类型》,载《天津法学》2011 年第 1 期。

程序法是为实体权利服务的,当两者出现或可能出现冲突时,程序法应让位于实体权利的保护,这是不言自明的。

有学者认为,不真正连带责任纠纷的判决应传达以下信息:(1)数个责任人对原告均有赔偿责任;(2)原告既可以向中间责任人追偿也可以向终局责任人追偿,任一追偿不足部分,在执行时还可以继续追偿。[①] 笔者赞成这种法理思路,其体现了不真正连带责任中受害人法益和加害人责任之间的利益衡平。一方面,要充分保障受害人的法益,这符合不真正连带责任的立法目的和该制度应有的价值,所以,受害人可以同时起诉部分或者全部侵权人。另一方面,要防止受害人获得超出损害的赔偿,所以,受害人的获赔范围是一定的,具体赔偿责任人可以多人。我们也应当看到,这是不真正连带责任对外连带效力的应有之义,被侵权人可以向部分责任人主张(主要是终局责任人),也可以向全部责任人主张,主张的效力范围以完全赔偿为限度。这样的解释是值得赞同的。在程序表达这个层面上,不真正连带责任也没有独立性。

四、结语

笔者认为,不真正连带责任可以为连带责任所吸收。考察域外立法例,难觅不真正连带责任一般规则的身影,即使是学界理解为不真正连带责任的规定也与我国立法的实际情况不符。不真正连带责任的对外效力等同于连带责任的对外效力,而其对内效力与连带责任的对内效力也并非泾渭分明,只是追偿比例存在差异。前者为全部追偿,后者为部分追偿。最后,通过不真正连

① 参见尹伟民:《不真正连带责任的诉讼形态——权利实现与程序救济》,载《中国海洋大学学报》(社会科学版)2012 年第 2 期。

带责任与连带责任程序表达的考察，我们发现两者具有同质性，并无本质区别。所以，民法典不宜规定不真正连带责任的一般规定。

Negation on Unreal Joint and Several Liability Legislation

Tang Min

Abstract: Positive supporters believe that unreal joint and several liability has the independent value as a result, the Civil Code should stipulate the general provisions of it. Negative objectors hold the opposite opinion. Whether from the cases of foreign legislation, or internal and external effectiveness, or the expression of process, unreal joint liability can be absorbed by joint and several liability. The Civil Code are not supposed to prescribe the general provisions.

Keywords: unreal joint and several liability; joint and several liability; civil code compilation

论犯罪过失心理的判断标准

——以犯罪故意认识内容的双层结构展开

林育青*

摘　要：罪过的实质，是行为人对社会价值的敌视或者漠视的态度，对犯罪故意中的认识内容应作实质上的理解，才能更好地对犯罪过失心理进行判断。第一，犯罪故意"明知"的内容是双层结构：价值层次为违法性认识，①事实层次的内容为客观危害行为、危害结果、刑法分则规定的特定事实等；事实层次内容是用来证明价值层次内容的下位从属因素。第二，违法性认识问题并不独立于罪过心理的认识内容，也不属于责任阻却事由。第三，犯罪过失心理的本质是缺乏与之相对应的故意犯罪的违法性认识，以认识内容的双层结构为标准来判断过失心理具有可操作性。第四，认识因素是判断犯罪过失心理的唯一根据，有认识的过失并不存在。

关键词：故意心理；过失心理；双层结构；违法性认识

---

* 西南政法大学法学院2015级刑法学硕士研究生。

① 这里的"违法性认识"是"实质的违法性认识"，相当于"社会危害性认识"，下文统一用"违法性认识"。

国内刑法学界对犯罪故意认识内容的理论探讨颇多，不过大部分观点都认为其属于单层结构，这并没有抓住故意心理或过失心理认识内容的根本，导致本属于罪过心理认识内容的要素被分离出去自成体系，割裂了罪过心理认识内容的完整性和科学性。在笔者看来，犯罪故意认识内容的二层结构可以打破单层结构的樊篱，将复杂的问题简单化，粗疏的问题细致化。

一、国内关于故意认识内容的学说概览

目前国内关于故意认识内容的学说，主要有认识三要件说、认识二要件说和认识一要件说三种。

认识三要件说，认为故意的认识内容包括犯罪主体、犯罪客体、犯罪客观方面。我国台湾地区学者林山田便持此种观点，认为“罪责判断乃是对于行为人与其行为的关系的判断，其判断包括：(1)行为人是否为法律规范的适格受规范者；(2)行为人是否能够或必须接受法律的规范；(3)就刑法的价值观而论，行为人所为的行为是否系属可责”。[①] 林山田教授在早年的论述中更直接，他认为行为人必须对于不法构成要件所描述之行为主体、行为客体、行为、行为时之特别情状、行为结果等内容，均有认识，始具备故意之认识要素，才有成立故意之可能。

认识二要件说，认为故意的认识内容包括犯罪客观方面和犯罪客体。高铭暄教授认为，故意的认识包括对犯罪客体或犯罪对象，以及危害行为、危害结果、危害行为与危害结果之间的因果关系等事实情况的认识。李永升教授也持二要件说，认为明知的内容包括构成要件中客体方面事实和客观方面事实的认知。具体

① 林山田：《刑法通论》(上册)，北京大学出版社2012年版，第245页。

包含有以下几个部分:说明行为特征的事实(行为性质、行为方式、行为手段、行为时特定环境),说明行为结果的事实,说明行为与结果因果关系的特征,说明犯罪客体的特征。[①] 马克昌教授也偏向于二要件说,同时认为"行为人对其行为的性质等客观事实情况的认识,都是由对危害结果有认识这一点中派生出来的……犯罪故意的认识内容中最根本的内容是对行为危害后果的认识"。[②]

认识一要件说,认为故意的认识内容只包括犯罪客观方面的事实。王作富教授认为,"明知"首先是指行为人知道自己行为的社会危害性,其次是对作为某种犯罪构成要件的结果有明确认识。梅传强教授认为,"明知"的内容是行为人对自己意识状态中的行为的自然属性和社会危害性质(包括行为对象、方法、特定的时间地点、违法性等),行为结果以及行为发展过程有明确认识。[③] 张明楷教授认为,"明知"的内容包括:自己行为的内容与社会意义、自己的行为会发生某种危害结果(包括侵害结果与危险结果)、刑法规定的特定事实。[④]

二、犯罪故意认识内容的双层结构

在诸多犯罪故意认识内容的学说中,认识三要件说日渐式微。由于犯罪客体是否属于犯罪构成要件的争论由来已久,加之犯罪客体所具有的某些特性,认识二要件说也存在很大的分歧。在认识一要件说的范围内,随着对犯罪故意不断地深入了解,特

① 参见马克昌主编:《犯罪通论》,武汉大学出版社 2005 年版,第 331 页。

② 李永升:《间接故意犯罪的主客观机制研究》,载《刑法论丛》2010 年第 3 期。

③ 参见马克昌主编:《犯罪通论》,武汉大学出版社 2005 年版,第 330 ~331 页。

④ 参见梅传强:《犯罪故意中"明知"的涵义与内容——根据罪过实质的考察》,载《四川师范大学学报》(社会科学版)2005 年第 1 期。

别是对如何认定如滥用职权罪、丢失枪支不报罪等存在多重罪过形式的罪名，又形成了复合罪过理论、客观超过要素理论、罪量要素说、主要罪过说以及明知故犯论等学说，极大地丰富了犯罪故意理论的研究。

（一）对诸学说的反思

认识三要件说将犯罪主体的事实情况列为故意的认识内容，这是不妥的。因为犯罪主体要件主要解决刑事责任能力问题，只有具有刑事责任能力的人才有认识和控制自己行为的可能，"明知"才有意义。即使没认识到自己有刑事责任能力，也不影响认定刑事责任能力的有无，更不会影响对其他客观事实的认识。至于犯罪特殊主体中的特殊身份，"行为人不是因为具有某种特定身份而决定了犯罪的性质，而是因为具有某种特定身份的人才有可能实施某种犯罪"。[①] 况且"身份"是否能归入刑事责任能力的范围，学理上存在很大的争议。

认识二要件说将犯罪客体纳入故意认识的内容，这也是不妥的。犯罪客体本来就不应属于犯罪构成要件。

首先，犯罪客体保护的社会关系与民法行政法等其他部门法所保护的社会关系的内容显然不一样，刑法所保护的社会关系除了基本的权益、秩序、制度（这里的秩序和制度都是狭义的）以外，还包括其他部门法为保护该项权益所建立的制度。例如，故意杀人罪，除了保护生命权外，还保护其他部门法为保护生命权所建立的"生命权保护制度"。这也体现了一般违法行为和犯罪行为的重大区别。显而易见，犯罪客体在具有独特含义的情况下，特

① 张明楷：《刑法学》，法律出版社2011年版，第237～243页。

别注意其他所有部门法为保护某种权益所建立的制度这一层次。犯罪客体作为一个整体就已经不是简单的判断犯罪本质的素材了,本身就已经包含了犯罪本质的成分。所以犯罪客体更像是一个被证明、被反映的对象,而非犯罪构成中的一部分。

其次,行为人是不可能了解到什么是客体的,更不要说很多罪名的客体在理论上就界定不清(如强奸罪的客体,到底是贞操权还是性承诺权,抑或性自主权?),那么在犯罪过程中其实只要认识到具体的、客观的事实,主客观相统一,符合了犯罪的基本构成要件,即构成犯罪。

最后,有人认为,犯罪客体不要说只不过是把犯罪客体的内容融合到其他构成要件中,属于"暗要",所以犯罪客体仍然有必要作为一个犯罪构成要件。这一推论过程是极不严谨的,犯罪客体不要说从来没有否定犯罪客体所具有的积极意义,需要强调的是,犯罪客体需不需要在犯罪成立过程中加以考虑与犯罪客体属不属于犯罪构成要件,是两个问题。如果认为犯罪客体是决定某一行为被刑法关注与否的价值判断,因而有必要将犯罪客体作为犯罪构成要件之一,那作为进一步关涉该行为社会危害性程度的价值判断的《中华人民共和国刑法》(以下简称《刑法》)第13条的"但书",是否也有必要纳入犯罪构成中呢?很显然这是荒谬的。换句话说,如果因为某种理论或概念在犯罪成立过程中需要被考虑,就把它作为犯罪构成要件,将会导致犯罪构成要件的过度泛化,并存在消解的可能,这是极其危险的。但需要指出的是,犯罪客体虽然不能作为犯罪构成要件被行为人认识到,在价值层面上却可以融入违法性认识的价值判断为行为人所认识(注意,此时具体罪名的具体犯罪客体仍然不可能为行为人直接认识到），不过此时对犯罪客体的具体内容而言，仅仅具有评价规范上的意义。

认识一要件说虽然是目前的主流理论，但该学说仍存在三处值得商榷的地方。从客观方面的构成要素来看主要有两个问题：

第一，因果关系或因果进程属不属于认识的范围？纯粹客观的因果关系不属于犯罪故意认识的内容，这在我国刑法学界已基本达成共识。那么作为认识内容的因果关系是不是可以衍生出主观意义上的因果关系呢？梅传强教授认为，需要认识到犯罪的因果进程，并且该因果进程是符合客观规律的，这样就能很好地解决迷信犯不构成犯罪的问题。显然，梅教授所主张的因果进程并不是单纯客观的，而是行为人主观所认识到的，这当然是解决相关问题的有效途径之一，但对于迷信犯的问题，我们也完全可以认为，迷信犯所实行的行为不具有刑法意义上的规范性，根本就不是刑法所认定的具有严重社会危害性的行为，将梅教授的“因果进程”问题转化到事实层次的客观行为部分加以考虑也是可以的。

第二，目前刑法中的法定犯数量激增，均以具体危害结果的出现作为犯罪成立的客观要件，该结果是否必须被认识到？类似的法定犯诸如《刑法》第128条第3款的非法出租、出借枪支罪、第330条的妨害传染病防治罪、第407条的违法发放林木采伐许可证罪等。为了解决这一问题，我国目前故意理论中有三大阵营：一是采用复合罪过的理论阵营，二是批判传统故意理论意志本位的理论阵营，三是批判传统故意理论结果本位的理论阵营。其中，复合罪过理论的问题很多，经常被人诟病的是违反了罪刑法定原则和罪责刑相适应原则。就前者而言，过失犯罪必须由刑法明文规定,该理论不当地扩大了过失犯罪的范围;就后者而言,故意犯罪与过失犯罪共用同一法定刑,显然是不合适的。批判传统故意理论结果本位的理论阵营也存在较大问题,该阵营在解决类似非法出租、出借枪支罪主观状态的疑难问题时,不要求对结果要素有所认识,例如,周光权教授认为在行为人的多个罪过中,要区分主要罪过和次要罪过,"……主要罪过是故意,次要罪过是过失,故可以将其总体上定性为故意犯罪"。[①] 这一观点等同于认为,即使对结果没有罪过,只要对主要罪过持故意,也不影响故意犯罪的认定。这不仅过于轻视犯罪结果的地位与作用,而且也有违背责任主义之嫌。相较之下,批判传统故意理论意志本位的理论阵营中的明知故犯论(黎宏教授的观点),还是有很多可取之处的。在黎宏教授看来,认识因素是判断故意的唯一标准,故意犯的本质是行为人已经预见到自己的行为会发生危害社会的结果,却明知故犯,[②]即认为结果在明知的内容中不可或缺,同时消解了对结果的意志因素。

从客观方面的整体来看主要有一个问题,即在评价规范的角度,犯罪行为的客观方面要件是不是行为人唯一需要认识的内容?包括前面的认识三要件说和认识二要件说在内,都没有将违法性认识纳入犯罪故意认识内容的范围内,这导致本属于罪过心理认识内容的要素被分离出去自成体系,割裂了罪过心理认识内容的完整性和科学性,在某些情况下会出现判决结果与责任主义所要求的可谴责性不相契合。实质违法性认识在犯罪故意认识内容中的定位也是下文着重探讨的问题。

① 周光权:《论主要罪过》,载《现代法学》2007 年第 2 期。

② 参见黎宏:《刑法总论问题思考》,中国人民大学出版社 2007 年版,第 255 页。

（二）违法性认识——作为认识内容的价值侧面

行为人对犯罪事实的认识阶段是如何展开的？张明楷教授在说明"故意的成立不仅要求认识记述的构成要件要素，而且必须认识到规范的构成要件要素"时，分别举例，下面展示的是对故意杀人罪（记述的构成要件要素场合）分析：[①]

（1）认识到用枪射击被害人的胸部（单纯的事实认识）；

（2）认识到上述事实是"杀人"行为（社会的规范的意义的认识）；

（3）认识到杀人是坏的（违法性的认识）；

（4）认识到符合刑法第××条（具体条文的认识）。

张明楷教授认为，在记述的构成要件要素场合，对于一般人来说，上述的（1）、（2）、（3）是不可分割地联系在一起的。而在规范的构成要件要素场合，前两个认识阶段有可能是分离的，例如，传播淫秽物品罪，行为人可能认识到自己所卖的是书，但不一定认识到所卖的是淫秽书刊。如果认识没有达到第二个阶段，当然不构成故意犯罪。只有单纯的事实认识不构成故意犯罪，缺乏具体条文的认识不影响认定故意犯罪，这两点在学理上并没有争议。但我们在这里所要关注的重点是，到底行为人的认识程度达到哪个阶段，才是认定犯罪故意所必要的呢？

犯罪故意的认识阶段，要达到违法性认识。违法性认识是价值判断，其实在规范性认识的阶段，就已经蕴含了价值判断的因素。在犯罪故意认识内容中不可能没有价值内容，行为人仅仅认识到单纯的事实便可以构成故意犯罪是不可思议的。单纯的客

① 参见张明楷：《外国刑法纲要》，清华大学出版社2007年版，第213～214页。

观事实只存在距离、角度、力度、速度等纯粹物理性概念，如果仅凭这些概念，所有的日常生活行为随时随地都有可能构成故意犯罪，而且以犯罪未完成形态出现的可能性较大。行为人的认识程度仅仅达到规范性认识（仍然属于事实性认识——规范的构成要件要素）阶段便可以构成故意犯罪，也是片面的。行为人实施故意杀人的行为，并不是说行为人认识到是“杀人行为”即可对其归罪，而是行为人实质上也认识到了该行为是“坏的”（违法的），如果行为人认识到是“杀人行为”，却没有认识到违法性，反而认为行为是“好的”（合法的），当然不能认定为故意犯罪，如假想防卫和正当防卫。所以，行为人认识程度应当达到第三个阶段，即违法性的认识。需要注意的是，在不违反刑法规范目的的前提下，没有认识到违法性的原因应符合社会相当性标准，排除精神病人犯罪的情况（不仅不构成故意犯罪，也不构成过失犯罪），排除以明显违背常识、常理、常情的原因没有违法性认识的情况，排除肆意以没有违法性认识为借口出罪的情况。

违法性认识中的违法性，是指客观违法性。在犯罪故意的违法性认识方面，主要体现在严重的社会危害性的客观违法性层面，而不可能包含主观违法性。因为“应当认识到”还是“不应当认识到”，“认识到”还是“没认识到”，这一系列认识过程最终形成的状态才会被评价为具体的罪过心理（犯罪故意、犯罪过失）或无罪过（不具有主观违法性）。可见，违法性认识是判断行为人罪过心理的关键。有一种观点认为，诸如正当防卫行为等正当化事由，其本身已构成故意犯罪，只是刑法特殊规定使其得以出罪。这种观点是极不可取的，难道要将医生的手术行为、拳击运动员的竞技行为、建筑队的爆破行为，都视为原本构成故意犯罪吗？

罪过心理(主观恶性)在哪儿?如果本来就构成犯罪,为什么还要出罪?出罪的理由是什么?这些问题是该论者无法回答的,因为他割裂了犯罪行为主客观的统一。从另一个角度来看,既然存在犯罪构成要件,那么对正当化事由(有法律明文规定或在业务层面符合规范目的)的规定或表述理解为"合法行为构成要件"未尝不可,只是犯罪行为构成要件与合法行为构成要件在某些事实层面上出现了重合的现象。

违法性认识作为犯罪故意的认识内容,可以使行为人合理出罪。前文谈道,犯罪客体在价值层面上可以融入违法性认识的价值判断为行为人所认识,两者的确体现较密切的联系(见表1):

表1　违法性认识——直接客体

状态	违法性认识的状态	具体罪名直接客体被侵犯的状态	是否构成该罪
①	有	被侵犯	构成
②	没有	没被侵犯	不构成
③	有	没被侵犯	不构成
④	没有(相当性)	被侵犯	不构成

状态①和状态②是最常见的,即行为人违法性认识的状态与具体罪名的直接客体是否被侵犯的状态相互契合。但在后两种情形中,两者发生了偏离。在状态③中,例如,行为人欲用诅咒的方式杀死仇人,即使行为人认为是违法的,由于不存在故意杀人罪的直接客体,行为人的客观行为当然也就不具备违法性,那么他的违法性认识在刑法意义上是不成立的。在状态④中,例如,假想防卫的杀人行为最终只能成立过失犯罪甚至意外事件,例

如,川西地区的"天葬"习俗不能被认定为侮辱尸体罪等。根据表1中的关系可以发现,只有行为人的违法性认识状态与具体罪名直接客体被侵犯的状态都是肯定回答时(状态①),才构成该具体罪名。虽然在大多数情况下,违法性认识是要受犯罪客体(体现在危害行为、危害结果、刑法规定的特定事实等客观方面的表征)所包含的价值判断的牵制(其实是在大多数情况下,两者所体现的价值判断的整体方向是一致的),但违法性认识的缺失在具有社会相当性时(状态④),行为人的违法性认识摆脱了刑法基本规范的牵制,而独立地决定了罪过心理的形态,甚至决定了"无罪过"的存在。换句话说,行为人对行为客观违法性的价值判断,可以逸出刑法规范规定的应然的客观违法性而具有独立存在的价值。行文至此,可以得出如下结论,在刑法规范的应然层面上,事实层次的内容(行为、结果、刑法规定的特定事实等)是来证明价值层次内容(违法性认识)的下位从属因素,犯罪故意的认识内容是双层结构,但在对行为人具体归责时,价值层次的内容体现出了独立性。

对违法性认识作为犯罪故意认识内容的价值侧面进行论述之后,有必要重申在违法性认识问题上,要注意的两个节点的判断标准,即在对"有无违法性认识"和"违法性认识缺失有无回避的可能性"这两个问题进行判断时,究竟应采取什么标准。笔者认为,应当以行为人行为时的具体状态为基础,采用社会相当性的标准。有很多学者认为应当采取"行为人标准",但实际上绝对的行为人标准是不存在的,行为人主观上到底有没有认识到,或者有没有认识到的可能性,很难自圆其说,最终还需借助"社会相当性"的标准才可以判断,即司法者作出的符合常识、常理、常情的主观价值判断。这里的“社会相当性标准”不同于“一般人标准”，因为“一般人标准”实际上也是不存在的，在司法实践中，所有的判断都是司法者根据智识、经验和良知进行自由裁量的结果，所以“社会相当性标准”是一个相对的标准。

三、犯罪过失心理的判断标准

故意犯罪与过失犯罪之间存在着密切联系，之所以在犯罪故意的认识内容方面大费周章，主要还是因为犯罪故意与犯罪过失在认识因素方面相通，在认识状态方面是程度高低的区别。

（一）故意过失阶层说的科学性

当某一危险犯在客观上具有高度的实害发生可能性，行为人对此高度实害可能性也具有认识或意欲时，这种危险犯的危险故意就无异于实害故意。相反，当某一危险犯客观上发生实害的可能性很低，而且行为人也只有较低实害可能性的知与欲时，这种危险故意就很难与过失区别开来。[①] 故意与过失之间的关系，是回避可能性的高低度关系，是责任的高低度关系，也是刑罚意义的高低度关系，因而是一种位阶关系。[②] 故意与过失之间的位阶关系，意味着故意概念的内涵吸收过失概念的内涵，结果是，一旦确定行为人构成故意犯罪，逻辑上必然也构成过失犯罪，接下来的就是竞合问题。[③] 反之，行为人过失犯罪的确定既不排斥构成故意犯罪的可能性，也不保证构成故意犯罪，因此就故意犯罪的构成与否必须单独再做检验，这就是故意过失阶层说的基本逻辑。根据这种位阶关系也可以看出，如果规定有某种过失犯罪，

① 参见欧阳本祺：《论危险故意》，载《法学家》2013 年第 1 期。

② 参见张明楷：《犯罪构成体系与构成要件要素》，北京大学出版社 2010 年版，第 262 页。

③ 参见黄荣坚：《基础刑法学》（上册），中国人民大学出版社 2009 年版，第 296 页。

那么在刑法中应当有与之相对应的故意犯罪。因而可以这样讲，犯罪故意是认识到了客观行为违法性的较大的可能性或必然性；犯罪过失则是应当认识到了与之相对应的故意犯罪的客观行为存在较小的违法可能性，这种可能性极有可能会不符合行为人日常生活中关注的焦点，进而"人为"地没有认识到或忽视掉。在"疏忽大意"和"过于自信"的过失心理中，两者对于客观行为违法性的认识可能性都没有到达"上意识"的层次（没有启动大脑右半球的功能）。

所以在刑法分则中对过失犯罪有明文规定的情况下，故意犯罪与过失犯罪在刑法分则中一定是一一对应的关系，犯罪过失是应当认识到相对应的故意犯罪的认识内容，而没有认识到的情况，具体分析如下：

客观证据：行为相关要素{①、②、③…}

结果相关要素{a、b、c…}

过失心理：对具体发生的实害结果处于没有预见到的状态，认识到的行为相关因素并不能与最后导致的实害结果构成某一故意犯罪，这时需要用调查清楚的行为相关要素证据对行为人缺失的认识进行填补（前提是该行为相关要素是行为人应当认识到的），直到能符合某一故意犯罪的犯罪构成，行为人便成立与该故意犯罪相对应的过失犯罪（此时在司法实践中，其实可以根据分则规定迅速判断出符合哪一个过失犯罪）。

注意：

1. 刚刚笔者只谈到了"实害结果"，也用了"结果相关要素"一词。这意味着，如果行为人认识到的行为相关要素与某种危险结果构成犯罪未完成形态或危险犯时，当然地构成该故意犯罪。

2. 具体犯罪可能存在数个实害结果，行为人在行为相关因素中也可能基于不同的排列组合符合不同的故意犯罪行为模式，这些不同的行为模式与不同的实害结果之间的组合便可能产生不同的故意犯罪的犯罪构成，基于故意犯罪与过失犯罪的对应关系，进而对于行为人事实上的单个行为可能会认定出数个过失犯罪的犯罪构成（以刑法分则有规定为准），此时可能会运用到想象竞合等定罪规则。如果某种结果是另一结果的加重结果，情况就更复杂。

在犯罪故意认识内容中，起关键作用的便是违法性认识，所以对于犯罪过失来说，其本质便是缺乏对相对故意犯罪违法性的认识（相当性）。

（二）犯罪过失心理的判断标准——以违法性认识为导向

根据故意过失阶层说，故意犯罪与过失犯罪是对应的关系。在犯罪过失中，有应当认识到却没有认识到的内容，即相应的犯罪故意心理所认识到的内容（当然包括违法性认识），而且从一定程度上来讲，违法性认识实际上也主导了犯罪过失心理存在与否。在给出判断标准之前，首先要说明一点，虽然不要求行为人认识到法律意义上的违法性，但行为人认识到的一般意义上的违法性需要被法律意义上的违法性涵盖，只有这样，在刑法范围内讨论才有意义。接下来就笔者认为的犯罪过失心理的判断标准做一个展示，并对其中几点问题做一下说明：

首先，以某一故意犯罪为例，行为人会对该故意犯罪的实质违法性有所判断。

1. 行为人对该故意犯罪有违法性认识

(1) 如果行为人符合该故意犯罪的犯罪构成的,则构成该罪;

(2) 如果行为人由于没有认识到某些客观方面的事实⇒继续判断刑法分则有没有规定该过失犯罪:如果没有规定,则出罪;如果规定了⇒继续判断行为人应不应当认识到:如果应当认识到,则构成该过失犯罪;如果不应当认识到,则不构成犯罪。

2. 行为人对该故意犯罪没有违法性认识

(1) 如果行为人符合该故意犯罪的犯罪构成⇒继续判断行为人没有违法性认识有没有相当性:如果没有相当性,则构成该故意犯罪;如果有相当性,则排除该故意犯罪,同时继续判断缺乏违法性认识应不应当。如果应当,则不构成犯罪;如果不应当,则构成相对应的过失犯罪(以刑法分则有规定为准);

(2) 如果行为人由于没有认识到某些客观方面的事实⇒继续判断刑法分则有没有规定该过失犯罪:如果没有规定,则出罪;如果规定了⇒继续判断没有违法性认识应不应当:如果不应当,则构成该过失犯罪;如果应当,则不构成犯罪。

其次,针对以上判断标准需要强调三个问题:

第一,"1. (1)"的情形作为过失犯罪,是不是没有认识到相对应的故意犯罪的客观违法性呢? 答案是肯定的。原因就在于,行为人对相对的故意犯罪本来是有违法性认识的,但其对客观方面的事实并没有全部认识,并没有对自己符合相对故意犯罪的客观行为形成正确的认识,因而在这种情况下,行为人是缺乏违法性认识的。

第二,"1. (2)"的情形有些特殊,无须考察行为人对没有违法性认识有没有相当性，因为行为人连自己行为的规范性认识都不具备，更谈不上对违法性的认识。在行为人不应当没有违法性认识的情况下，与“1.(1)”中构成过失犯罪的情形很类似，其实在“1.(1)”情形中构成过失犯罪，也是基于缺乏规范性认识的，当然也就不具备违法性认识，只不过在“1.(1)”中，行为人本来在具备规范性认识的基础上是有违法性认识的，而在“1.(2)”中情形，行为人即使具备了规范性认识，也不具备违法性认识。

第三，综合前文的分析也可以得出一个结论，违法性认识从来就没有脱离犯罪故意认识内容，其本来就是犯罪故意认识内容的关键部分，当然也没有必要将违法性认识割裂出去，将其单独规定在责任阻却事由中。

四、有认识过失概念的消解

意志因素其实不是判断犯罪过失心理的必备要素，[①]认识因素是判断犯罪过失心理的唯一标准，不存在有认识的过失，更不存在借助意志因素来区分有认识的过失（过于自信的过失）和间接故意的情况。

《刑法》第15条明文规定，“应当预见自己的行为可能发生危害社会的结果，因为疏忽大意而没有预见，或者已经预见而轻信能够避免，以致发生这种结果的，是过失犯罪。过失犯罪，法律有规定的才负刑事责任”。对于其中“已经预见”似乎指向的是有认识的过失，那么应当如何理解呢？

在学界有一种有力的观点认为，所谓的有认识的过失实际上并没有认识到危害结果。当行为人认识到自己的行为可能会发

---

① 意志因素是主观方面的核心因素，指向行为人行为的性质，是行为人对于行为的罪过中不可或缺的，在这里只是认为，判断过失心理只需要认识因素就足够。

生危害结果,还要实行该行为,此时所持的不是犯罪故意是什么呢?“刑法上的故意概念是,只要行为人对于不法事实的实现有认识,却又做下去(着手),那么这样的不法行为就是故意不法行为,而非仅仅是过失不法行为。”[1]那么,《刑法》第15条第1款后半段的内容何以成立过失犯罪呢?当行为人在对具体的环境、条件、个人能力等因素进行综合把握之后,得出的结论是“实行该行为不会导致危害结果的发生”,即相信危害结果“能够避免”。换句话说,无论行为人之前的心理过程如何,最终是没有认识到危害结果的发生的。德国学者施米德霍伊泽认为,此处所谓“预见其能发生”所指的是就一般的、抽象的判断事实发生的可能性,而所谓“确信其不发生”是就个别的、具体的情况来判断事实发生的可能性。换句话说,提供作为判断的背景(条件)是不一样的。黄荣坚教授更是直截了当地指出,“事实上,对于故意或过失的心理状态的判断,在法理上本来就是以行为人行为时的具体情况为背景来做判断的”。[2] 故而所谓的“过于自信”的过失,其本质上与“疏忽大意”的过失并没有区别,都是没有认识到危害结果的发生,更不是一种“有认识的过失”,关于“过于自信”的过失与间接故意之间的判断难题也就当然不复存在。罗克辛的决定说认为,认识到构成要件的实现具有可能并对此予以估算而仍没有放弃其计划,并有意地决定侵犯受保护的法益,便成立故意。将意欲的对象由结果转向行为本身,是新意欲论区别于传统意欲论的关键之处,新的诠释的最重要的后果是,意志要素由此而在故意的

① 黄荣坚:《基础刑法学》(上册),中国人民大学出版社2009年版,第258页。

② 同上书,第259~260页。

认定中基本上处于被架空的状态。[①] 基于此，罗克辛的决定说被认为与属于客观说阵营的弗里希的“风险认识 + 行为决定 = 决定反对法益”的思考模式没有本质区别。[②] 冯军教授也认为，仅根据结果最终发生的可能性存在与否就足以区分“有认识过失”和间接故意，因而将“过于自信”与“放任”作为意欲要素进行区分没有什么实际意义。

该观点否认有认识的过失并没错，但分析的角度是有问题的，其过于强调概念的思辨性。因为在现实生活中，行为人的确存在进行“具体行为”时仍然对结果没底的情况，基于特殊的条件和自身的能力，仍然认为结果还是有可能发生，只不过行为人在“碰运气”，也就是所谓的侥幸心理，祈求结果不要发生。所以，通说认为有认识的过失与间接故意的区别，主要是在意志因素方面并非没有道理。但笔者认为，主要的区别仍然在认识因素方面。基于前文的分析，过失犯罪的本质是因为行为人没有认识到与该过失犯罪相对应的故意犯罪的实质违法性，并且只有两种可能，要么没有认识到事实层次的因素，要么没有认识到价值层次实质违法性。例如，过于自信过失的交通肇事罪，行为人如果认为故意开车撞人是“好的”，基于社会相当性的判断标准也能排除这一荒谬的结论，不能否认对行为人刑事责任的追究。行为人的通常状况是认为故意开车撞人是“坏的”。也就是说，行为人在认识内容的价值层次方面，并没排除故意犯罪的刑事责任的可能，因而

① 参见劳东燕：《风险社会中的刑法——社会转型与刑法理论的变迁》，北京大学出版社2015年版，第185页。

② 参见许玉秀：《主观与客观之间：主观理论与客观归责》，法律出版社2008年版，第101页。

行为人是在认识内容的事实层次上出现了偏差,才导致不构成故意犯罪。刚刚已经排除了没有认识到危害结果的情况,那能不能说行为人没有认识到自己的危害行为呢?当然可以。其实笔者在前文中就一直强调,认识到自己的危害行为并不仅仅停留在物理概念的客观事实上,而是要达到第二个阶段,即规范性认识。[①]这是指行为人没有认识到自己的行为是"以危险方法危害公共安全的行为"或"故意杀人的行为"等。换句话说,行为人没有认识到自己尽到部分注意义务的、有规避结果发生动机的行为,具有故意导致严重社会危害性的危害结果的社会属性,没有危害行为的规范性认识,所以有认识过失仍然是个伪命题,只不过没有认识到的并不一定是危害结果,而一定是"规范的"危害行为。

五、结语

犯罪故意的认识内容是双层结构,犯罪过失的认识内容则是缺乏相对应故意犯罪事实层次因素的认识进而导致缺乏违法性的认识,或者直接由于缺乏违法性认识而产生的罪过心理。行为人的违法性认识之于认识因素,在大多数情况下,是可以推定的,但违法性认识又可以逸出事实层次因素认识的制约,独立决定罪过种类甚至是无罪过的状态,是指引罪过判断的决定因素。行为人罪过心理是由认识因素和对行为本身的意欲因素共同决定的,有认识过失得以消解,这也是犯罪故意认识内容双层结构的当然结论。

本文虽然分析的是犯罪过失心理的判断标准,但实际上,犯罪故意的认识内容在其中起到了至关重要的作用。最后,用图示

① 刚刚排除了正常人对此行为缺乏违法性认识的可能,所以当然也获得了事实层次第三阶段的违法性认识,同时上升到属于认识内容第二层次的价值层次。

将犯罪故意的认识内容、认识层次以及认识阶段加以展现。（见图 1）

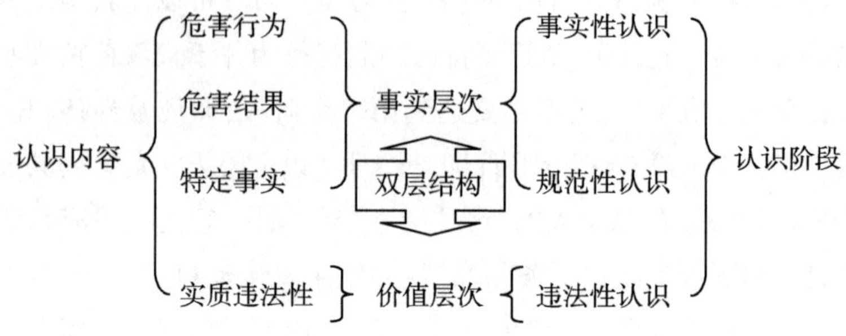

图 1　犯罪故意的认识内容、认识层次、认识阶段关系

Criteria of Criminal Negligence Psychology

—Research from the perspective of the Bilayer Structure of the Content of Awareness in Criminal Intent Psychology

Lin Yuqing

Abstract: The essence of offence is the hostility, contempt or ignorance towards social values in doer's attitude. The awareness in criminal intent must be interpreted substantially so as to determine the psychology of criminal negligence better. Firstly, the content of awareness in criminal intent psychology has a bilayer structure—the social harmfulness belong to the layer of value, the layer of facts contains his/her conscious harmful act, consequence and other specific facts in the light of Criminal Law, the layer of value is proved by the layer of facts. Secondly, the social harmfulness belongs to the content of awareness in criminal intent but not to the exemptions of criminal responsibility. Thirdly, the essence of the psychology of criminal negligence is the absence of awareness of social harmfulness, which is relate to the corresponding intentional crime, it is feasible to determine the psychology of criminal negligence by the bilayer structure. Fourthly, awareness factor is the only standard to determine the psychology of criminal negligence, conscious negligence psychology never exist.

Keywords: criminal intent psychology; criminal negligence psychology; the bilayer structure; awareness of social harmfulness

中国外资国家安全审查制度新探

——评《外国投资法(草案征求意见稿)》第四章

何圳申*

摘　要:经过改革开放以来吸收外资的实践,外国投资国家安全审查制度已在中国初步建立,一系列法律法规对这一制度作了较具体的规定。然而,该制度在实施过程中仍存在一些问题,需要逐步调整和完善。而《外国投资法(草案征求意见稿)》的公布,体现了我国相关立法的新发展。该法第四章对国家安全审查制度作了专章规定,明确了审查对象、审查程序、审查因素等内容,厘清了实践中的一些争议性问题。尽管《外国投资法(草案征求意见稿)》相关内容尚不完善,但为外资国家安全审查制度在今后能更有效地实施提供了重要保障。

关键词:外国投资;国家安全审查;外国投资法

我国自改革开放以来,始终将吸收外资作为一项重要战略,

---

* 西南政法大学国际法学院2015级硕士研究生、研究生涉外法律人才实验班成员。

本文系2016年重庆市研究生科研创新项目(CYS16103);西南政法大学国际法学院研究生科研创新项目的阶段性成果。

中央和地方政府为外国投资者来华进行投资活动营造了良好的环境,并通过一系列法律法规和政策,保障、鼓励此类投资活动。虽然近年来在全球范围内国际投资的整体表现不够稳定、波动较大,但我国在吸收外资方面保持着相对稳定的发展态势,使外资继续成为促进国内经济发展的重要支撑。[①] 然而,外资进入我国可能对中国的国家安全造成不利影响,因此,外国投资国家安全审查制度的建立有利于加强中国对外资活动的监管,从而维护国家安全和经济稳定。这一制度在建立后根据实际实施情况不断发展和完善,近期公布的《中华人民共和国外国投资法(草案征求意见稿)》(以下简称《草案》)第四章(第48条至第74条)是这一制度最新发展的体现。

一、《草案》第四章的发展演变

我国在吸收外资方面取得了突出表现,为国内经济发展提供了有力支持。但是,与外资为国内经济发展带来的支持相比,相关法律规则的制定存在着不足。就外国投资国家安全审查这一重要问题而言,中国在很长一段时间内一直未对其作出具体而明确的制度安排,导致对外资活动无法进行法律意义上的国家安全审查,外资对中国国家安全造成不利影响的可能性增大,我国的经济安全、政治安全和社会安全容易受到冲击。

① 根据联合国贸易和发展会议(United Nations Conference on Trade and Development, UNCTAD)的最新统计数据,在经历了2014年的大幅下滑(16%)之后,2015年全球外国直接投资(Foreign Direct Investment, FDI)流入总量强势反弹,达到1.76万亿美元,同比增长38%,成为2008年全球金融危机爆发以来总量最高的一年。但金融危机爆发后,全球FDI总量的大幅波动已成为常态。而中国近些年在吸收外资方面的表现则相对稳定,FDI流入总量保持着逐年稳步上升的态势,2013年达到1240亿美元,2014年达到1290亿美元,2015年达到1360亿美元。在2014年,中国还超越美国,成为当年全球最大的资本输入国。See more on "World Investment Report 2016: Investor Nationality: Policy Challenges", Accessed Jun 22, 2016. UNCTAD.

在外资大量“斩首式”并购境内企业及中资海外并购频繁遭遇安全审查壁垒的“内忧外患”背景下，中国开始着手相关具体规则的探索和制定工作。[①] 2003 年 3 月 7 日，原外经贸部等四部委联合发布了《外国投资者并购境内企业暂行规定》（以下简称《暂行规定》）。[②]《暂行规定》共 26 条，首次较全面地对外资并购活动进行规范，促进了外资并购在更深的层面和更加广阔的范围内展开，从而为外资进入我国市场提供了新的途径。[③] 这一规定在当时为外国投资者来华进行并购提供了一定的指引，但具体内容相对宽泛、不够具体，且《暂行规定》并未包含有关外资国家安全审查的具体规则。

在《暂行规定》颁布后的 3 年，针对实施过程中存在的缺陷，商务部等六部委于 2006 年 8 月 8 日联合发布了《关于外国投资者并购境内企业的规定》（以下简称《规定》）。[④]《规定》在《暂行规定》的基础上，对具体条款内容进行了较全面的修订和扩充细化，使其具有更强的可操作性和可执行性。《规定》共 6 章，由 61 个条文构成，对外国投资者来华进行并购活动作了较详细的规定。《规定》在 2009 年结合《中华人民共和国反垄断法》（以下简称《反垄断法》）的出台和实施，对部分条款进行了修改，使其符合

---

① 参见漆彤：《外资国家安全审查立法中的若干重要问题》，载《中国法律评论》2015 年第 1 期。

② 《外国投资者并购境内企业暂行规定》由原对外贸易经济合作部、国家税务总局、国家工商行政管理总局、国家外汇管理局于 2003 年 3 月 7 日联合发布，目前已失效。

③ 参见李志强：《跨国并购法律实务》，上海远东出版社 2007 年版，第 31 页。

④ 《关于外国投资者并购境内企业的规定》由商务部、国务院国有资产监督管理委员会、国家税务总局、国家工商行政管理总局、中国证券监督管理委员会、国家外汇管理局于 2006 年 8 月 8 日以商务部 2006 年 10 号令的形式联合发布，同年 9 月 8 日起施行，所以该规定俗称“九八规定”或“10 号令”。

《反垄断法》的要求。[①] 其中,《规定》第12条涉及国家安全审查问题,但该条涉及的主要是影响国家经济安全的情形,并没有将国家安全的外延进行拓展。同时,该条仅对外资并购的国家安全审查作了原则性规定,缺乏具体的实体性和程序性规则,因而在实际实施中缺乏必要的可操作性,不利于真正防控外资并购对国家安全造成的影响。[②]

此后,为了进一步完善外资并购国家安全审查制度,国务院办公厅于2011年2月发布了《关于建立外国投资者并购境内企业安全审查制度的通知》(以下简称《2011年通知》),同年8月商务部根据国务院办公厅的通知,发布了《实施外国投资者并购境内企业安全审查制度的规定》(以下简称《商务部规定》)。至此,我国针对外资并购的国家安全审查制度正式建立。[③]《2011年通知》和《商务部规定》结合中国外资并购实践的具体发展,对外资并购国家安全审查的范围、内容、工作机制和具体程序等内容进行了规定,在具体实践中也具备了一定的可操作性,有利于我国政府对外资并购活动进行监管,从而维护国家安全。

虽然国务院办公厅和商务部分别发布了《2011年通知》《商务部规定》,外资并购国家安全审查制度在中国正式建立,但现行制度仍然存在一些问题,例如,具体规范的法律效力层级偏低、国家安全审查的对象范围较为狭窄。这些问题制约了国家安全审

① 《规定》在2009年修改的主要内容即删除第五章"反垄断审查",在"附则"中新增一条作为第51条,表述为:"依据《反垄断法》的规定,外国投资者并购境内企业达到《国务院关于经营者集中申报标准的规定》规定的申报标准的,应当事先向商务部申报,未申报不得实施交易。"

② 参见余劲松:《国际投资法》,法律出版社2014年版,第153页。

③ 参见廖凡:《〈外国投资法〉宜完善审查机构设计》,载《经济参考报》2015年1月28日,第6版。

查制度作用的发挥。因此,无论是学术界还是实务界都希望中国政府能够对国家安全审查制度进行进一步优化和完善,从而更好地实现这一制度应有的作用和功能。在这一背景下,结合我国目前正在对内进行的全面深化改革以及对外进行的双边或区域性自由贸易协定或投资协定的谈判进程,商务部于2015年1月19日对外公布了《草案》。[①]《草案》的内容与既有法律规范相比,在整合原有规则的基础上,具有一定的创新性,既保障了外国投资者所享有的合法投资权益,又维护了投资东道国(中国)对外国投资所拥有的监督和管理的权力。对国家安全审查制度而言,《草案》设置了专章规定,体现了国家安全审查制度的最新发展。

二、《草案》第四章的创新之处

经过了改革开放的发展和实践,目前我国的外资国家安全审查制度日益健全和完善,相关的法律法规不断细化,可操作性显著提升。《草案》中的相关内容体现了国家安全审查制度的最新发展特点,具有较高的创新性,所以具有较强的研究价值。

《草案》第四章对国家安全审查制度进行了具体规定,该章共27条,主要从国家安全审查制度的定义及基本原则、提起国家安全审查的条件和程序、国家安全审查时应当考虑的因素、国家安全审查的时限以及法律责任的承担等方面,对国家安全审查制度进行了较详细的规定,并突出体现了早先由国务院办公厅或商务

① 《草案》共11章、170条,主要是针对《中华人民共和国中外合资经营企业法》《中华人民共和国外资企业法》《中华人民共和国中外合作经营企业法》的修订工作而形成的法律文本。根据商务部条法司的说明,这部法律是对现有外资管理模式的创新,对外资管理制度的完善,有利于切实转变政府职能。具体包括总则、外国投资者和外国投资、准入管理、国家安全审查、信息报告、投资促进、投资保护、投诉协调处理、监督检查、法律责任和附则。具体文本可于商务部条法司网站获取。

部等部门出台并发布的法规或规章所没有涉及的内容以及不曾具备的特点。

(一)国家安全审查制度的目的得到明确

与一般由全国人大及全国人大常委会制定的法律相同,《草案》对实行外国投资国家安全审查制度的目的进行了明确,为国家安全审查各项具体制度的实施提供了前提和指引。第 48 条明确规定了实行国家安全审查制度的目的在于确保国家安全以及规范和促进外国投资。[①] 之前由国务院办公厅发布的《2011 年通知》以及商务部根据该通知发布的《商务部规定》由于法律位阶较低,均未对国家安全审查制度的目的进行具体明确。

(二)国家安全审查制度的审查对象范围得到扩展

相较《2011 年通知》《商务部规定》,《草案》对外资国家安全审查的对象范围进行了扩展,从之前仅对外资并购进行国家安全审查,到确立可对普遍意义上的外国投资进行国家安全审查。审查对象范围的扩大,有利于切实维护中国政府对各种类型的外国投资的监管,从而维护国家安全。

《草案》第四章虽然并未直接对国家安全审查制度的审查对象范围进行规定,但相应的审查对象范围,应当以《草案》对外国投资的定义为依据。《草案》第 15 条对外国投资的概念进行了定义,明确了“本法所称的外国投资,是指外国投资者直接或者间接从事的投资活动”。具体而言,该条所规定的投资活动既包括设立境内企业,取得境内企业的股份、股权等权益这样相对传统的方式,又包括向持有权益的境内企业提供一年期以上融资,取得

① 参见《草案》第 48 条。

境内或其他属于中国资源管辖领域自然资源勘探、开发的特许权，取得境内土地使用权、房屋所有权等不动产权利，通过合同、信托等方式控制境内企业或者持有境内企业权益等较新型的投资形式。因此，根据《草案》对外国投资的定义，外资国家安全审查的对象范围由并购扩展至包括新设投资，甚至是融资和自然资源勘探、开发特许权在内的更大范围的投资，使国家安全审查的交易类型更全面和周延，更符合中国外商投资的实际情况，避免了现行立法中规定笼统和限制不当可能带来的对外资准入限制过严或过宽的问题。[①]

但是，审查对象范围的扩展并不意味着所有的外国投资都需要接受国家安全审查。国家安全审查制度的规定应当和投资准入制度的规定相协调，两项规定的根本作用是一致的，国家安全审查制度，属于外资准入制度的构成部分。[②]《草案》在准入管理章节对外资准入制度进行了规定，明确了外国投资若涉及限制实施目录内的情形，则应符合限制实施目录规定的条件，且投资者应申请准入许可。若不涉及相关情形，则投资者无须申请准入许可。[③] 有关准入许可的审查因素中的第1项即为对国家安全的影响。[④] 因此，如果具体的外国投资不在应当申请准入许可的范围内，则无须接受国家安全审查，除非投资者认为该投资可能危害国家安全而主动提出安全审查申请，或联席会议依职权启动国家

① 参见孙南申、胡荻：《外国投资国家安全审查制度的立法改进与完善建议——以〈外国投资法（征求意见稿）〉为视角》，载《上海财经大学学报》2015年第4期。

② 参见丁丁、潘方方：《对我国的外资并购国家安全审查制度的分析及建议》，载《当代法学》2012年第3期。

③ 《草案》第26条。

④ 《草案》第32条。

安全审查。

（三）国家安全审查制度的审查因素得到细化

《草案》对国家安全审查应当考虑的因素进行了较详细的列举，从而保证了有关行政机关在对外资进行国家安全审查时，能够获得较强的指引或参考。第57条详细列举了进行国家安全审查时应当考虑的几项因素。除了第11项作为兜底条款外，该条一共规定了10项在国家安全审查时应当考虑的因素，具体包括如下："（一）对国防安全，包括对国防需要的国内产品生产能力、国内服务提供能力和有关设备设施的影响，对重点、敏感国防设施安全的影响；（二）对涉及国家安全关键技术研发能力的影响；（三）对涉及国家安全领域的我国技术领先地位的影响；（四）对受进出口管制的两用物项和技术扩散的影响；（五）对我国关键基础设施和关键技术的影响；（六）对我国信息和网络安全的影响；（七）对我国在能源、粮食和其他关键资源方面长期需求的影响；（八）外国投资事项是否受外国政府控制；（九）对国家经济稳定运行的影响；（十）对社会公共利益和公共秩序的影响。"

这10项具体的国家安全审查因素对《2011年通知》规定的并购安全审查的4项内容进行了细化与扩充，[①]对相应的审查因素进行了更详细的说明和解释，增强了具体规则的透明度，相关规则在实践中的确定性和可操作性得到了提升。同时，《草案》第57条还规定了第11项因素，即"联席会议认为应当考虑的其他因素"，作为兜底条款。设置兜底条款的做法，有利于进行国家安全

① 《2011年通知》第2条规定了并购安全审查内容，具体包括以下4项：并购交易对国防安全，包括对国防需要的国内产品生产能力、国内服务提供能力和有关设备设施的影响；对国家经济稳定运行的影响；对社会基本生活秩序的影响；对涉及国家安全关键技术研发能力的影响。

审查的行政机关在对具体外资进行国家安全审查的过程中，能够获得一定的灵活性，从而保证国家安全审查制度有效实施，以此实现法律规则确定性与灵活性相统一。

(四)国家安全审查制度的审查程序和时限得到完善

之前由国务院办公厅发布的《2011 年通知》和商务部发布的《商务部规定》，对有关外资并购国家安全审查的实施程序以及时限上的要求作出了规定，在具体实践中也具备了一定的可操作性，但受制于前述规范性文件的效力层级，有关的审查程序和时限上的要求仍不够完善。[①] 同时，由于《草案》将国家安全审查的对象范围进行了扩展，所以原先仅针对并购而设置的审查程序不完全能够继续适用。针对这一情况，《草案》对相关规则进行了完善和扩充，确保了国家安全审查制度能够按照正当合理的程序实施。

首先，《草案》在准入管理部分明确将准入许可程序和国家安全审查程序进行衔接，[②]规定了"外国投资主管部门在进行准入审查时，发现外国投资事项危害或可能危害国家安全的，应暂停准入审查程序，并书面告知申请人提交国家安全审查申请……外国投资者应按照本法第四章[国家安全审查]提交国家安全审查申请"。[③] 这一规定有助于外资主管部门在准入程序中及时发现可能危害国家安全的情形，并通过国家安全审查制度对具体的投资活动是否会对国家安全造成危害进行审查。

---

① 具体参见《2011 年通知》第 4 条以及《商务部规定》中的内容，相关的规定较为烦琐，不够明确。

② 参见徐萍、姚丽娟：《中国外资立法走进新时代》，载《国际商报》2015 年 1 月 25 日，第 A7 版。

③ 《草案》第 34 条。

其次,《草案》规定了外国投资者主动提起国家安全审查的情形[1]以及联席会议依职权启动国家安全审查的情形,[2]并规定了在提起国家安全审查时,投资者应当提交的材料[3]以及在国家安全审查正式进行时,投资者应当配合有关行政机关的调查工作,承担相应的配合国家安全审查的义务。[4] 关于审查时限的规定,《草案》基于《2011 年通知》《商务部规定》的内容,明确了一般性审查时限为启动审查程序之日起 30 个工作日,[5]特别审查时限为启动特别审查程序之日起 60 个工作日。[6]

最后,《草案》第 65 条和第 66 条还规定了提出国家安全审查申请的投资者可在审查决定作出前,向外资主管部门提出对特定的外国投资附加限制性条件的建议,以避免该投资对国家安全可能产生的危害。联席会议在进行评估并完成审查之后可作出附条件通过审查的决定。这一规定可以看作政府和私人投资者在共同促进投资增长方面所建立的一种公私合作关系(public-private partnership)。这种合作方式在当前世界范围内的诸多领域都获得了较广泛的运用。在国际投资领域,其有利于促进一国政府吸收外资,并加强对外资的监管,同时也有利于维护外国投资者的投资权益,防止其正当权益遭到侵害和剥夺。

---

① 《草案》第 50 条规定:“外国投资危害或可能危害国家安全的,外国投资者可向国务院外国投资主管部门提交国家安全审查申请。”

② 《草案》第 55 条第 1 款规定:“联席会议可依职权决定对危害或可能危害国家安全的外国投资进行国家安全审查。”

③ 根据《草案》第 51 条的规定,投资者应当提交的材料主要包括申请书、与申请书内容有关的文件和证明材料、外国投资者及其实际控制人的陈述、声明及对申请材料真实性、完整性的承诺和其他外资主管部门要求补充提交的相关材料。

④ 《草案》第 59 条规定:“外国投资者及其他当事人应配合联席会议进行国家安全审查,提供审查需要的信息,接受有关询问或核查。”

⑤ 《草案》第 61 条。

⑥ 《草案》第 63 条。

（五）国家安全审查制度的法律责任承担得到确立

《草案》对有关国家安全审查制度的法律责任承担方面的问题进行了规定，以体现法律的强制力。第 72 条规定了外国投资者未申请国家安全审查而实施投资，国务院外国投资主管部门依据《草案》第 70 条和第 71 条采取措施给已实施投资造成损失的，由外国投资者承担。该条规定表明外国投资者若违反任何有关国家安全审查的规定，应当承担相应的法律责任。第 146 条则具体规定了若外国投资者在国家安全审查过程中存在隐瞒有关情况，提供虚假材料或进行虚假陈述，或存在违反国家安全审查决定中所附限制性条件情形的，国务院外国投资主管部门应责令相关外国投资者限期改正，处 10 万元以上、100 万元以下或投资额 10% 以下的罚款，并有权依法对相关外国投资者再次进行国家安全审查。此外，《草案》还规定：若外国投资主管部门及其工作人员在履职中存在渎职行为的，则应依法给予行政处分；构成犯罪的，依法追究刑事责任。[①]

三、《草案》第四章存在的问题

（一）国家安全审查部际联席会议的组成部门及其职责分工存在缺陷

国务院办公厅发布的《2011 年通知》，规定了外国投资者并购境内企业安全审查部际联席会议（以下简称联席会议）制度，由联席会议具体承担外资并购国家安全审查的职责，并明确了由发改委和商务部牵头，具体负责相关工作，从而防止多头审批造成

① 《草案》第 152 条。

的混乱和权威性缺失，实现多部门之间的协调统一。[①]

《草案》第 49 条基于《2011 年通知》，将相应制度和规则进行移植，[②]在较大程度上保持了相关制度和规则的连续性和稳定性。但是，联席会议制度设置的组成部门及其职责分工存在缺陷，这一缺陷可能会阻碍国家安全审查制度的有效运作，所以在今后正式立法过程中，立法机关可对相关规则进行一定的调整，从而更好地发挥联席会议制度所应有的作用和功能。

设置联席会议制度的初衷，主要在于尽可能地提升国家安全审查制度的权威性与实效性，从而保证外国投资者的投资活动不会对中国国家安全造成不利影响。但从《草案》的条款文本内容来看，联席会议制度中有关组成部门及其职责分工的规定仍然较笼统，在具体实行过程中缺乏可操作性，可能导致审查工作无法有效开展。

一方面，虽然《草案》第 49 条规定了由国家发改委和商务部共同担任联席会议的召集单位，但除此之外，没有对两部门具体应怎样召集，以何种形式召集以及各自具体承担的责任和享有的权力等问题进行详细规定，因此，在进行个案审查之时，国家发改委和商务部在依法履行职责过程中可能会出现分工与合作上的矛盾，甚至可能会出现两部门间相互推诿或相互争权、不作为或乱作为的现象，不利于安全审查制度的有效实施。

另一方面，在国家发改委和商务部作为联席会议召集单位的

① 参见缪心毫、余柔：《中国外资并购安全审查新规的审视与完善》，载《现代财经》（天津财经大学学报）2011 年第 6 期。

② 《草案》第 49 条规定："国务院建立外国投资国家安全审查部际联席会议（以下简称联席会议），承担外国投资国家安全审查的职责。国务院发展改革部门和国务院外国投资主管部门共同担任联席会议的召集单位，会同外国投资所涉及的相关部门具体实施外国投资国家安全审查。"

基础上，该条参照《2011 年通知》，规定了相应的国家安全审查应会同外国投资所涉及的相关部门具体实施。但该条中所称的“相关部门”具体是指哪些部门，这些部门的职责究竟有哪些，在条款中都没有列明。这种模糊的做法会降低国家安全审查制度的确定性和透明度，参与安全审查的部门不断变化，可能影响整个审查程序的有效运作。[①]

（二）对国家安全审查决定缺乏必要的监督制约机制

由于外资国家安全审查制度的特殊性，审查内容与国家安全密切相关，所以根据《中华人民共和国行政诉讼法》第 13 条，[②]《草案》第 73 条，规定了对有关国家安全审查决定的行政复议和行政诉讼的豁免，即“对于依据本章作出的国家安全审查决定，不得提起行政复议和行政诉讼”。该条规则遵循了《中华人民共和国行政诉讼法》的规定，确保了国防、外交等国家行为能够得到有效行使。

但是，国家安全审查制度在本质上属于广义上的外资准入制度的构成部分，前者可以看作一项特殊的外资准入制度，因此，比照外资准入许可决定，由联席会议作出的国家安全审查决定，在本质上仍然属于一个由行政机关作出的具体行政行为。该行政行为应当受到必要的监督，否则行政机关在作出该行政行为之时，容易出现滥用权力的现象，也可能由此侵害行政相对人（外国投资者）的合法权益。因此，外国投资国家安全审查制度应当受

① See Cathleen Hamel Hartge, “China’s National Security Review: Motivations and the Implications for Investors”, *Stanford Journal of International Law*, Vol. 49, 2013, pp. 254 – 255.

② 《中华人民共和国行政诉讼法》第 13 条规定，人民法院不受理公民、法人或者其他组织对国防、外交等国家行为提起的诉讼。

到必要的监督和制约，否则无法真正有效地维护国家安全，外国投资者的合法权益也很难得到有效维护，但《草案》对此没有作出规定。[①] 若中国的国内法对外国投资国家安全审查制度缺乏必要的制约和监督，一旦外国投资者认为一项国家安全审查决定损害了其合法权益，则其很可能基于中国与其他国家和地区签订的双边投资协定或自由贸易协定(Free Trade Agreement ,FTA)投资章节中的规定，通过投资者—国家争端解决机制，将有关争端和诉求提交国际仲裁。

(三) 国家安全审查缺少针对主权投资的特别规则

近年来，以主权财富基金(sovereign wealth fund)为代表的主权投资，在全球范围内蓬勃发展，成为许多国家和地区吸收外资的重要组成部分。主权投资在很大程度上能够为投资东道国提供成本较低的发展资本，并且具有一些普通投资所不具有的特点。例如，主权财富基金大多具有长期性、低杠杆率、低资本回购率等特点，有益于金融市场的稳定，在美国次贷危机和欧洲主权债务危机中，主权财富基金就成为拯救欧美金融机构和稳定其金融秩序的重要援手。[②] 然而，由于主权投资的出资主体往往是一国政府，所以其投资金额往往大于私人投资者，并会倾向于选择投资战略性行业，如能源业、金融业。此类投资非一般私人投资者所能进行，并且投资战略性行业不是简单追求投资收益的最大化，背后可能有更强的战略甚至是政治目的。此外，以主权财富

① 《草案》第八章创设了投资协调处理机制，用于解决外国投资者与行政机关之间投资争议，但这一机制与法律救济存在本质区别。

② 参见李军：《论主权投资的国家安全审查及我国的制度完善》，载《东方法学》2016 年第 1 期。

基金为代表的主权投资在资产配置、投资策略等方面具有高度保密性，其具体运作也缺乏必要的透明度，可能给金融系统带来风险，不利于投资东道国的监管，甚至会进一步加大世界经济的不稳定性。[①] 因此，基于这种特殊性，主权投资对中国国家安全的影响往往更明显。出于维护国家安全和经济利益，外资国家安全审查制度应当包含针对主权投资的特别规则。

四、《草案》第四章的完善建议

（一）优化联席会议的组成部门及其职责分工

鉴于联席会议制度存在缺陷，在今后正式条款的制定过程中，立法机关应当对存在的问题进行明确与细化，从而保证相关行政机关依法履行法律规定的职责，承担好对外国投资进行国家安全审查的责任。原国家发改委和商务部作为联席会议的召集单位，应当根据自身的不同职责，承担好相应责任。原国家发改委作为国务院指导总体经济体制改革和宏观调控的部门，在联席会议中，应主要负责对外国投资是否会对中国的宏观经济造成影响进行审查，并负责联席会议成员间的沟通和协调；而商务部作为国务院外国投资主管部门，应主要负责对外资的具体活动是否会对中国的国家安全造成影响进行监管和审查，两者的分工应当明确，且应相互配合。

此外，对于“相关部门”不够明确的问题，正式条文应将“相关部门”的概念进行明确，在条款中具体列明应当固定参加国家安全审查联席会议的部门，从而保证联席会议组成的广泛性和确定性。同时，为了提高联席会议制度运作的有效性和针对性，正式

---

① 参见漆彤：《论主权财富基金之若干法律纷争》，载《武大国际法评论》2010 年第 1 期。

条文可参考美国在外国投资国家安全审查方面的具体法律实践，对参加安全审查联席会议的部门进行分类，分为有表决权的部门和无表决权的部门两类，由前者对国家安全审查问题进行最终认定。[①] 同时，根据具体涉及的不同投资行业和类型，法律可以规定非固定参加联席会议的部门，由此类部门参与对某些特定类型投资的审查。在联席会议制度运作成熟之后，国家可以考虑设立常设的外国投资委员会以取代联席会议，从而实现国家安全审查机制及外国投资管理体制的固定化和常态化。

（二）完善对国家安全审查决定的监督制约机制

鉴于国家安全审查决定的特殊性质，并从遵循其他现有法律法规出发，有关国家安全审查决定的监督制约机制，应当与针对《草案》下其他具体行政行为的监督制约机制保持一定差别。因此，全国人民代表大会在今后正式立法过程中，仍然可以参考和借鉴他国既有法律实践，完善对国家安全审查决定的法律监督，并保障外国投资者在自身权利受到侵害时，能够获得充分和有效地维护自身合法权益的途径。例如，2007 年美国《外国投资和国家安全法》，规定了由美国国会对具体的国家安全审查程序进行监督。外国投资委员会在完成具体审查或调查后认为投资不会对国家安全造成危害，则其应向国会提交书面确认通知或报告。[②] 同时，外国投资委员会还应每年向国会提交年度报告，从而便于

① 2007 年美国《外国投资和国家安全法》（Foreign Investment and National Security Act of 2007）第 3 条规定设立美国外国投资委员会（The Committee on Foreign Investment in the United States），由该委员会承担国家安全审查职能。该委员会成员分为有表决权与无表决权两类：前者包括财政部长等 7 人；后者为劳工部部长及国家情报总监。

② Section 2(b)(3) of Foreign Investment and National Security Act of 2007, PL 110 – 49, July 26, 2007, 121 Stat 246.

国会进行监督。[1] 我国可以考虑规定由全国人大常委会具体承担对外资国家安全审查决定的监督职能。全国人大常委会既应主动依职权对安审决定进行监督,同时也应适时回应外国投资者对国家安全审查决定提出的相关请求,并对请求进行审查,从而进一步加强对国家安全审查决定的有效监督与制约,最终实现国家安全审查决定的合法和正当。

(三)建立对主权投资国家安全审查的特别规则

由于我国现行的外资准入模式是逐案审批制,外国主权投资一般很难进入中国,其对我国国家安全的影响通常能够得到避免,但逐案审批的外资准入模式不符合经济发展规律,也不符合国际通行规则,所以《草案》对此进行了修改,采取了准入前国民待遇和负面清单的外资准入模式,大幅减少外资限制性措施,放宽外资准入。[2] 因此,未来外国主权投资进入我国的机会将大大增加,对我国国家安全的影响也更容易显现。基于这一现象,《草案》应在"国家安全审查"章节加入对主权投资的特别规则,将主权投资与普通外国投资进行一定区分,从而更有效地对其进行国家安全审查。

在今后正式立法过程中,特别规则应主要集中在对主权投资的审查程序上。《草案》在现有的审查程序规则基础上,可以增加有关主权投资必须经过特别审查的规定,从而更审慎地对其是否会对中国的国家安全造成影响进行评估。此外,《草案》可在第50条增加一款,将联席会议依法决定对主权投资进行国家安全审

---

① Section 7(b) of Foreign Investment and National Security Act of 2007, PL 110－49, July 26, 2007, 121 Stat 246.

② 具体可详见《草案》的说明(2015年1月19日由商务部发布)。

查列为其依职权启动国家安全审查的法定情形,规定“联席会议可依职权对危害或可能危害国家安全的外国主权投资进行国家安全审查”。这一特别条款有利于加强我国政府对外国投资的监管,从而实现投资者权益与投资东道国监管权之间的平衡。

五、结语

外国投资国家安全审查制度是外资管理法律制度中的一项重要内容。对外国投资者在我国境内进行的投资活动进行国家安全审查,有利于维护中国的国家安全和经济稳定,也有利于提高所吸收外资的质量。我国目前已经建立了一系列制度和规范来对外国投资进行国家安全审查,但现行制度和规范效力层级偏低、规则不够具体和明确、可操作性不强。因此,《草案》的出台,是一个对我国外资国家安全审查制度改革和发展的重要契机。通过制定具体而明确的法律规则,并对有关争议性问题进行厘清,国家安全审查制度才能够得到更有效的运作。

A New Analysis of National Security Review System of Foreign Investment in China

—Comments on the Fourth Chapter of Foreign Investment Law(Draft)

He Zhenshen

Abstract:With the development of practice of attracting foreign investment since China initiated the policy of reform and opening up,national security review system of foreign investment has been preliminarily established in China. There are some specific provisions related to this system have been stipulated in a series of laws and regulations. However, some problems still as to the development of this system, which should be amended gradually. The release of the draft version of Foreign Investment Law signifies the new development of the legislation on foreign investment in China. The fourth chapter of this law is mainly about the national security review system, which includes provisions of the reviewing object, the procedure, and the factors for review. It also clarifies several controversial issues in practice. Although these provisions are imperfect currently, they can still play an important role for a more effective implementation of national security review system of foreign investment in the future.

Keywords: foreign investment; national security review; Foreign Investment Law

体系解释下的《刑法》第 37 条理解与适用

贺洪波[*]

摘　要：运用体系解释方法解构《刑法》第 37 条，有助于缝合免刑理论分歧、统一司法适用。从内部结构看，《刑法》第 37 条的前段和后段分别是关于酌定免刑情节和非刑罚处罚措施的规定。从外部关系来看，《刑法》第 37 条与《刑法》的其他免刑条文之间具有补充和指导的双重关系。从法治功能看，正确理解和适用《刑法》第 37 条，可以优化犯罪人处遇、丰富量刑个别化、推动刑罚轻缓化。

关键词：体系解释；《刑法》第 37 条；内部结构；外部关系；法治功能

体系解释是刑法基本解释方法。通过体系解释，刑法这一形神兼备的规则体系将得以完整阐释，每一个刑法条文的"法学意义"将得以灵动浮现。《中华人民共和国刑法》（以下简称《刑

* 重庆市委党校法学教研部讲师，法学博士。

本文系国家社会科学基金西部项目"伦理的刑事司法运用研究"（15XZX016）。

法》)第 37 条是我国刑法典中的一个基本刑法条文,由于人们对该条文内涵的理解不同,我国刑法理论对该条文的一些基本问题尚存分歧,例如,在该条文能否作为独立免刑依据适用的问题上,存在两种截然不同的观点。肯定论者认为,“有的情况下,行为人所犯之罪的性质较严重,也不具备法定免除情节,但综合全案犯罪情节,认为犯罪情节轻微,不需要判处刑罚时,也可以适用非刑罚处罚方法”。[①] 这不仅是对《刑法》第 37 条可以作为独立免刑依据适用的肯定,同时也将其视为与自首、立功等其他法定免刑情节相对应的酌定免刑情节。否定论者认为,《刑法》第 37 条只是其他具体免刑情节的概括性规定,而非独立的免刑规定,在没有自首、立功等法定免刑情节的情况下,人民法院不能直接适用该条文作出免刑判决。[②] 鉴于此,有必要运用刑法体系解释方法对该刑法条文作系统解读,以期对缝合相关理论分歧、凝聚法治共识、统一司法适用有所裨益。

一、关于《刑法》第 37 条内部结构的体系解释

我国《刑法》第 37 条以“但是”为“分水岭”,可以界为两部分。“但是”之前的部分可称为《刑法》第 37 条前段,之后的部分可称为后段。《刑法》第 37 条的前段内容,是关于酌定免刑情节[③](事由)的规定,后段内容是关于非刑罚处罚措施的规定。两部分在逻辑上是一种顺承关系,即前段内容是对后段内容的顺向铺垫,后段内容的适用是以犯罪人被免予刑事处罚为前提的。根据

① 马克昌主编:《刑罚原理》,武汉大学出版社 2007 年版,第 751 页。

② 参见张明楷:《刑法学》(上册),法律出版社 2016 年版,第 634 页。

③ 根据我国法定情节与酌定情节的既有划分方式,《刑法》第 37 条前段内容应当理解为我国酌定免刑情节的规定,《刑法》第 37 条具有酌定免刑功能。

这种顺承关系,犯罪人即便被免予刑事处罚也并不当然地意味着还会在此基础上被人民法院“予以训诫或者责令具结悔过、赔礼道歉、赔偿损失,或者由主管部门予以行政处罚或行政处分”,这需要人民法院“根据案件的不同情况”予以区别对待。

(一)《刑法》第 37 条前段关于酌定免刑情节规定的理解

在对犯罪人作有罪宣告的基础上,免予刑事处罚(不判处刑罚)是与给予刑事处罚(判处刑罚)相对应的刑事责任实现方式。但无论是对犯罪人免予刑事处罚还是给予刑事处罚,都需要具备一定的情节条件、合理的理由作为实质根据。

从立法表述来看,这部分内容看似简单明了,但该如何理解,却存在较大分歧。例如,如何理解和判断“犯罪情节轻微”?这里的“犯罪情节”是指定罪情节还是量刑情节?“犯罪情节轻微”的精神意蕴是什么?如何理解“不需要判处刑罚”之“不需要”?如何理解“可以免予刑事处罚”之“可以”?既然都“不需要判处刑罚”了,为何不是“应当”而仅仅是“可以免予刑事处罚”,何时“不可以”?这些疑问,都需要一一厘清。

对此,笔者认为,由于《刑法》第 37 条的适用,是以国家司法机关认定被告人的行为构成犯罪为前提的,故应将《刑法》第 37 条前段中关于酌定免刑情节的内容,置于量刑视域及语境内予以解构分析。

1. 对“犯罪情节轻微”的理解

(1)“犯罪情节轻微”之“犯罪”的提示意义

《刑法》第 37 条是适用于量刑环节的一个总则性刑法条文,而量刑是以行为人构成犯罪为前提的,是对定罪环节的接续展开。因此,这里的“犯罪”一词具有提示意义。其意在表明:适用

《刑法》第37条是以涉案行为构成犯罪为前提的;《刑法》第37条的适用对象是其行为已经构成犯罪的犯罪人(犯罪分子)。进而,该条文与《刑法》第13条的规定在逻辑上就很清晰地被区隔和衔接起来。

《刑法》第13条,是关于犯罪定义的规定。其中,《刑法》第13条但书[①]在体系功能上旨在解决罪与非罪的问题,而《刑法》第37条在体系功能上旨在解决(判处刑)罚与不(判处刑)罚的问题。前者涉及定罪的起点问题,是定罪环节首当其冲的问题;后者涉及量刑的起点问题,是量刑环节首当其冲的问题。进而,《刑法》第13条和《刑法》第37条实际上都是我国刑法中的两个关节点条文和支柱性条文,在整个刑法典中起着顶梁柱的作用。

需要指出的是,"对于犯罪情节轻微不需要判处刑罚的"这一表述,在语法结构上实际省略了至关重要的对象性语词——犯罪人。[②] 若在表述上将"对于犯罪情节轻微不需要判处刑罚的"之逻辑指称补全,则应当是"对于犯罪情节轻微不需要判处刑罚的(犯罪人)"。而在把握住本条文的适用对象是犯罪人的基础上,若在语法逻辑上对"对于犯罪情节轻微不需要判处刑罚的"这句话进行剪裁,那么在隐去"对于""的"这两个修饰性语词之后,这句话

---

① "但是情节显著轻微危害不大的,不认为是犯罪。"

② 实际上,作为《刑法》第37条重要立法渊源的1957年6月28日《中华人民共和国刑法(草案初稿)》(第22稿)第31条和1963年10月9日《中华人民共和国刑法草案(修正稿)》(第33稿)第31条的相关表述是非常科学的,这两个条文都使用了"对于情节轻微的犯罪分子,不需要判处刑罚的"之表述。该表述与《刑法》第37条"对于犯罪情节轻微不需要判处刑罚的"这一表述相比,其优越性在于:清楚地表明了该条文适用的前提是涉案行为人的行为已经构成犯罪,该条文适用的对象是情节轻微的犯罪人,这既将本条文的适用对象"犯罪分子"凸显了出来,又具有了行为人的行为已经构成犯罪的提示意义。当然,在现有的"对于犯罪情节轻微不需要判处刑罚的"这一立法表述背景下,也同样可以对其作出合理的解释,即应牢牢把握住它的适用对象——犯罪人以及在此基础上的两个核心意义——犯罪情节轻微与不需要判处刑罚,进而将其置于宏大的量刑视域下予以理解和把握。

的核心表述实际上有两个——“犯罪情节轻微”“不需要判处刑罚”。

(2)“犯罪情节轻微”中“犯罪情节”的内涵与外延

在量刑的宏大视域下,明确“犯罪情节轻微”中“犯罪”的提示意义及《刑法》第37条与第13条的功能差异之后,接下来需要进一步明确的是“犯罪情节轻微”中“犯罪情节”[①]的含义。而要明晰这里的“犯罪情节”的含义,首先需要正确界分犯罪情节与定罪情节、量刑情节之间的关系。

在众多概念中,情节界定最成问题。[②] 但顾名思义,“情节”即有机地组成事物整体的各个具体环节、节点。而“犯罪”在语义上,既可指一种普遍的犯罪社会现象,也可指一个个具体的犯罪行为。就具体的犯罪行为而言,任何犯罪都是由“多因素相互作用或多环节相互衔接的一个动态过程”。[③] 因此,犯罪情节即组成犯罪(行为)事实的各个具体环节、节点。在现实生活中,犯罪事实总是一个完整的事实整体,由一系列的犯罪情节组成。与之相对,犯罪情节作为犯罪事实的“最小分解单位”,只有“把这些单位有机地连接起来,才能组成完整的犯罪事实”。[④] 可以说,犯罪事实与犯罪情节是整体与局部、抽象与具体的关系。“当我们对犯罪进行定性或定量分析的时候,我们所能接触到的就是一系列的犯罪情节。”[⑤]在司法实践中,司法人员会根据定罪或量刑需要,从

① 除了《刑法》第37条之外,关于“犯罪情节”规定的还有,《刑法》第52条中“根据犯罪情节决定罚金数额”和《刑法》第72条(缓刑适用条件)中“犯罪情节较轻”。

② 王利荣:《量刑说理机制》,中国人民公安大学出版社2012年版,第31页。

③ 参见文敬:《犯罪情节刍议》,载《现代法学》1984年第1期。

④ 王希仁:《论犯罪情节》,载《政治与法律》1984年第5期。

⑤ 陈兴良:《本体刑法学》,商务印书馆2001年版,第397页。

犯罪事实中提取、抽离各种具体的犯罪情节。

在外延上，依笔者之见，《刑法》第37条中“犯罪情节轻微”之“犯罪情节”，应仅指犯罪行为过程中的情节，不包括罪前、罪后情节。由于不同的犯罪情节在功能上，可以表明犯罪行为的不同社会危害性程度和实施该犯罪行为的犯罪人的不同人身危险性程度，因此，犯罪情节既可能作用于定罪，也可能作用于量刑。量刑是与定罪相对应的，量刑情节是与定罪情节相对应的，犯罪情节不是与量刑情节相对应的一个概念，定罪情节才是与量刑情节相对应的一个概念。犯罪情节既可能在定罪环节作为定罪情节发挥定罪功能，也可能在量刑环节作为量刑情节发挥量刑功能。进而，常规的刑事司法步骤为：首先，运用犯罪情节复现犯罪行为过程，完成定性和初步定量；其次，才是运用犯罪前后的情节调整刑罚。而只要刑法分则对各罪没有特别规定，犯罪情节则不应涵括发生于犯罪行为前后的事实因素。[①] 如果基于刑事政策等因素，确实存在罪前、罪后情节影响定罪的规定，那也只能是例外而非原则。

基于以上分析，《刑法》第37条中的“犯罪情节”，应指行为人在实施犯罪的整个过程（预备、着手、实行、既遂）中所表现出来的，足以表明行为的社会危害性和行为人的人身危险性程度的各种主客观事实情况。[②] 犯罪情节在功能上具有定罪与量刑一体两面之用以及相对抽象地用于定罪与相对具象地用于量刑的特征。

---

① 参见王利荣：《量刑说理机制》，中国人民公安大学出版社2012年版，第36页。

② 在逻辑上基于刑量对应罪量的考虑，而把罪前、罪后情节都纳入犯罪情节的广义“犯罪情节”观，参见廖渝：《论犯罪情节》，西南政法大学法学院2009年博士学位论文，第85～92页。在量刑视域下，对这种广义“犯罪情节”观的评析，参加王利荣：《量刑说理机制》，中国人民公安大学出版社2012年版，第38～39页。

就犯罪情节与定罪情节的关系而言，犯罪情节的外延要大于定罪情节，即犯罪情节中除用作定罪情节之外的剩余部分情节以外，通常还将在量刑环节中作量刑情节之用。就犯罪情节与量刑情节的关系而言，量刑情节与犯罪情节具有交叉关系，即除犯罪情节之外，罪前、罪后情节通常将其作为量刑情节发挥量刑作用。

(3)“犯罪情节轻微”的精神意蕴与判断要旨

量刑的基础是行为人的罪责。“刑罚应当首先有助于对由行为人造成的有责的不法进行抵偿。”[①]罪责的度即“行为人造成的有责的不法”程度，即某一犯罪行为过程中的犯罪情节征表出来的犯罪行为的社会危害性程度和犯罪人的人身危险性程度。不同的罪责程度需要不同的刑罚程度与之相匹配。

而“犯罪情节轻微”之“轻微”显然意在说明，犯罪人的罪责程度较低。从法律报应角度来看，由于犯罪人的罪责程度较低，因此，在对犯罪人作有罪认定及罪犯宣告基础上，不判处刑罚亦在刑法预先设定的容忍限度内。可以说，“犯罪情节轻微”首先是从法律报应的视角，来对犯罪人作出的能否免予刑事处罚的一个限制性规定。

当然，这仅是在抽象的“质”的层面上的理解，在具象的“量”的层面上，如何将较低的罪责程度与一定的刑罚量联系匹配起来，则是一件不可回避的难事。因为“将罪责程度转换为刑罚程度是最为困难的”。[②]

---

① [德]汉斯·海因里希·耶赛克、托马斯·魏根特：《德国刑法教科书》，徐久生译，中国法制出版社2001年版，第1047页。

② 参见[德]汉斯·海因里希·耶赛克、托马斯·魏根特：《德国刑法教科书》，徐久生译，中国法制出版社2001年版，第1048页。

在笔者看来，“犯罪情节轻微”蕴含着的较低罪责程度，对应着的刑罚程度应在3年有期徒刑以内。需要注意的是，这里的3年有期徒刑，不是指法定刑，也不是指宣告刑，而是基于法律公正的考虑，指综合衡量整个犯罪过程中的各种犯罪情节（不含罪前、罪后情节）而估量出的刑罚量。在此，“犯罪情节轻微”实际上即“罪行”轻微，它与罪名、法定刑都没有必然联系，而只需根据犯罪行为过程中提取出的各种犯罪情节进行综合判断即可。同时，将“犯罪情节轻微”对应的刑罚量限定在3年有期徒刑以内，有利于免刑与缓刑的适当衔接。因为，从刑事责任的实现方式来看，缓刑是对犯罪人定罪作有罪宣告且判处3年以下刑罚但暂不执行刑罚（通常不会执行），免刑则是对犯罪人定罪作有罪宣告而不判处任何刑罚。进而，将“犯罪情节轻微”对应的刑罚量限定在3年有期徒刑以内，大体[①]上可以把缓刑（定罪判刑但暂不执行）与免刑（定罪不判刑）衔接起来。

“犯罪情节轻微”的判断，应当着重注意“犯罪情节”的复杂性与“轻微”判断的综合性、个别性以及“犯罪情节”的客观性与“轻微”判断的主观性、相对性。

首先，由于犯罪情节散布在整个犯罪行为过程中，因此，对犯罪情节是否轻微的判断，是一个结合全部犯罪情节的综合性判断，是一个结合个案案情的个别性判断。现实生活中刑事案件的纷繁复杂性决定了个案案情的复杂性，因此，对各种个案中可能存在的复杂的犯罪情节，作是否轻微的判断，必须要落实到具体

① 之所以说是“大体”上衔接起来，是因为缓刑规定中的3年是宣告刑，是综合考虑在外延上仅限于罪中情节之犯罪情节以及罪前、罪后情节而得出的；而免刑中所指的3年是仅根据犯罪情节对应的罪责而得出的，并没有把罪前、罪后情节考虑进来。

个案中进行全面提取、综合分析、个别判断。这种个别性的判断具有非常重要的方法论意义。它可以在具体层面充分运用人们积累的个罪司法经验弥补人们在抽象层面对“轻微”的宏观把握缺陷。尽管在抽象层面上,人们对何为“情节轻微”难以言说、难以达成共识,但是在具象层面上、在个案中,人们则更容易对情节是否轻微得出较为一致的共识,即“当人们对某个抽象原则……持有不同意见时,他们通常朝着更加具体的方向发展”。[①] 毕竟,“规则只是一件不够锋利的粗糙工具,而个案判断则能在更大程度上实现公平和精确”。[②]

其次,“犯罪情节”的客观性与“轻微”判断的主观性与相对性。作为判断犯罪情节是否轻微的各种“材料”虽然是客观的,但是对这些“材料”有机地搭建起来的犯罪情节整体是否是轻微的判断则是主观的。这种判断的主观性特征决定了对情节轻微的判断应当尽可能地在多个层面上判断主体之间最大限度地寻求是否轻微的共识。犯罪情节“轻微”判断的相对性,是指不同时代对同一类案件或相似案情是否轻微的判断,可能随着时代的发展变化而有所不同。可以说,对情节是否轻微的判断,实际上是一种基于“与时俱进的文明标准”的动态判断。可以想见,随着人们对犯罪现象的科学认识以及科学预防犯罪水平的不断提高,人们对犯罪的容忍度逐渐加强,对犯罪人的不断宽容,对犯罪情节是否轻微的把握必将越来越宽松,进而随着时代的发展具有同样犯罪情节的犯罪人,被定罪免刑的可能性将越来越大。

---

① 参见[美]凯斯·R.孙斯坦:《法律推理与政治冲突》,金朝武等译,法律出版社2004年版,第3页。

② 同上书,第229页。

2. 对“不需要判处刑罚”的理解

(1)“不需要判处刑罚”中“不需要”的含义

对“不需要判处刑罚”中“不需要”的理解，主要是两个方面：一是主体问题，即谁“不需要判处刑罚”；二是理由问题，即基于什么样的考虑“不需要判处刑罚”。对于第一个问题，由于刑罚是施加给犯罪人的，因此，这里“不需要判处刑罚”的主体当然是犯罪人。对于第二个问题，由于“不需要判处刑罚”的主体是犯罪人，因此，从犯罪人的角度来看，不对犯罪人判处刑罚当然是基于特殊预防的考虑，不判处刑罚也不会妨害甚至有利于犯罪人重返社会，进而防止其重新犯罪。

(2)“不需要判处刑罚”的精神意蕴与判断要旨

“不需要判处刑罚”的精神意蕴在于，从特殊预防的角度来看，犯罪人的人身危险性极低，没有再犯可能性，进而没有运用判刑的方式来实现特殊预防的必要。

判断犯罪人的人身危险性及再犯可能性的实质依据，是通过犯罪行为及依附于犯罪行为犯前、犯后的表现情况（特别是犯后表现情况），综合体现出来的犯罪人的人身危险性。从案件情节的角度来看，组成判断犯罪人的人身危险性及再犯可能性的所有材料，可以分为罪前情节（犯罪行为前的一贯表现）、罪中情节（分散在犯罪行为过程中的及表明行为人人身危险性程度的各种主客观事实情况）、罪后情节（犯罪行为后的表现情况）。

3. 对“可以免予刑事处罚”的理解

(1)“免予刑事处罚”不等于不追究刑事责任

“免予刑事处罚”即免除刑罚处罚。是否被免予刑事处罚与是否追究刑事责任，是截然不同的两个范畴。刑事责任的实现方式通常包括定罪判刑方式和定罪免刑方式两大类。定罪免刑方式包括定罪免刑后给予一定的非刑罚处罚和定罪免刑后不给予任何非刑罚处罚两种方式。就定罪免刑而言，虽然未对行为人判处任何刑罚，但“刑事程序的进行和形式上的有罪判决表明了国家对犯罪行为的可感知的反映——使刑罚被免除，行为人毕竟‘发生了什么’”。[①]

（2）“可以免予刑事处罚”的精神意蕴与判断要旨

一般预防是制定和实施刑法必须考虑和追求的重要目标。科学制定和适用刑罚，合理决定是否以及如何追究犯罪者的刑事责任，有助于实现刑法的一般预防效果。在一般预防的各种刑事责任实现方式里，定罪判刑并非唯一也并非最好和首选的方式。由于刑罚本身是一种极具痛苦性的惩罚，是一种施加于犯罪人的一种不得已的“恶”，因此，对一般预防效果的取得，不应过多地依托于刑罚之上。能不判刑的行为应当尽可能地不判刑。在整个刑事诉讼过程中，相对于判处刑罚而言，通过及时的侦查、起诉、审判，以尽快地追究行为人的刑事责任，无疑具有更好的一般预防效果。特别是对于犯罪情节轻微的犯罪人而言，在已经对犯罪人作出有罪认定及罪犯宣告的基础上，如果不判处刑罚也不会具有变相鼓励其他人模仿该犯罪的负面效果的行为，就不应当判处刑罚。

（3）“可以免予刑事处罚”中“可以”的判断

在这基础上，就可很好地理解《刑法》第37条规定中“可以免予刑事处罚”中“可以”的含义。这里的“可以”，事实上也基于一

① ［德］汉斯·海因里希·耶赛克、托马斯·魏根特：《德国刑法教科书》，徐久生译，中国法制出版社2001年版，第1031页。

般预防考虑而作的一种可接受和容忍的限制性规定。虽然从法律报应的角度来看,对于"犯罪情节轻微"的犯罪人,在作出有罪判决的基础上,不判处刑罚也是一种报应性的惩罚方式;从特殊预防的角度来看,在作出有罪判决的基础上,不判处刑罚也能起到特殊预防的作用。但是,从一般预防的角度看,如果不判处刑罚会起到鼓励其他人模仿该犯罪的负面作用的,就不能不判处一定的刑罚(但可以考虑缓刑)。其实,《刑法》第 72 条关于缓刑条件的规定也体现了这种精神旨趣。其中,"宣告缓刑对所居住社区没有重大不良影响",实际上是基于一般预防的考虑而对缓刑适用所作的一种限制性规定。当然,这种基于一般预防的限制是种弱势意义上的限制,即这里追求的一般预防效果不是专指刑法所追求的"杀鸡儆猴"式的那种强势威慑意义上的一般预防效果,而只是在刑罚轻缓化思想指引下的一种不得已的弱势一般预防,只要不起到鼓励他人模仿犯罪的负面效果即可。

(二)《刑法》第 37 条后段关于非刑罚处罚措施规定的理解

定罪和量刑,是刑事审判活动中的两个重要环节。在对犯罪人作有罪宣告的基础上,量刑解决的是要不要对犯罪人判处刑罚,如果判处刑罚应判处什么样的刑罚及要不要立即执行,如果不判处刑罚要不要对犯罪人辅以一定的非刑罚处罚措施等问题。《刑法》第 37 条后段的内容即对未被判处刑罚(免刑)的犯罪人可能施加的非刑罚处罚措施的专门规定。

我国刑法学教科书一般将《刑法》第 37 条后段中规定的六种非刑罚处罚措施,分为经济性处罚措施(包括责令赔偿损失),教育性处罚措施(包括训诫、责令具结悔过、责令赔礼道歉),行政性处罚措施(包括由主管部门予以行政处罚、由主管部门予以行政处分）三类六种。[①] 在此基础上，笔者认为，从实践的角度来看，为了更全面深入地把握这些非刑罚处罚措施的内涵，还有必要根据这些非刑罚处罚措施的实现方式对其分类。具体可以分为三类：第一类是司法机关直接实施型的非刑罚处罚措施（包括训诫一种），第二类是司法机关责令犯罪人实施型的非刑罚处罚措施（包括责令具结悔过、责令赔礼道歉、责令赔偿损失三种），第三类是司法机关建议由主管部门实施型的非刑罚处罚措施（包括建议由主管部门予以行政处罚、由主管部门予以行政处分两种）。

1. 人民法院[②]直接实施型的非刑罚处罚措施

人民法院直接实施型的非刑罚处罚措施，即训诫一种。训诫是人民法院对轻微犯罪分子的一种口头批评教育方法。1964 年 1 月 18 日最高人民法院曾经给广东省和新疆维吾尔自治区高级人民法院，专门作过《关于训诫问题的批复》（以下简称《批复》）。《批复》是最高人民法院就我国《刑法》第 37 条规定的六种非刑罚处罚措施作出的唯一批复，也是唯一司法解释。根据《批复》的规定，训诫的内容主要在于明确告知行为人的行为性质、刑事法律后果以及对行为人未来的期望，以期行为人能够认识到其行为对社会的危害，并改过归正，不再重蹈覆辙。

2. 人民法院责令犯罪人实施型的非刑罚处罚措施

人民法院判决责令犯罪人实施型的非刑罚处罚措施，是指人民法院在责令犯罪人应当实施的一些具体事项后，犯罪人切实履

① 参见高铭暄、马克昌主编：《刑法学》（第 4 版），北京大学出版社 2010 年版，第 267 ~ 268 页；陈忠林主编：《刑法学》（上册），法律出版社 2006 年版，第 259 页。

② 除人民法院之外，还包括人民检察院在作出微罪不诉决定时适用，并且人民法院和人民检察院适用这些非刑罚处罚措施的内容和方式相同。为叙述方便，本文主要就人民法院的适用作分类分析，其基本原理也适用于人民检察院。

行这些具体的"责令"事项(可能包括其中的一种或几种事项),如果犯罪人拒不履行或不按人民法院的要求履行的,人民法院应当强制执行。

责令具结悔过,是指人民法院责令犯罪人用书面的方式反省自己实施犯罪行为的罪过,并保证切实悔改、以后不再重新犯罪的一种强制性教育措施。具结悔过,类似于我们日常生活中的"写检讨""写检查",是一种深刻反省自己的行为、检醒自己的罪过的一种书面悔罪自新方式。

责令赔礼道歉,是人民法院责令犯罪人向被害人当面承认错误,对因自己的犯罪行为给被害人造成的精神创伤表示歉意的一种刑事强制教育措施。

责令赔偿损失,是指人民法院在对犯罪情节轻微的犯罪人免刑的基础上,根据犯罪行为给被害人造成的经济损失情况,责令犯罪人通过支付金钱等方式弥补被害人的经济损失的一种刑事强制措施。

3. 人民法院建议由主管部门实施型的非刑罚处罚措施

人民法院建议由主管部门实施型的非刑罚处罚措施,是指人民法院根据案件的具体情况,向犯罪人所属的主管部门提出对犯罪人予以行政处罚或者行政处分的司法建议,再由主管部门予以行政处罚或者行政处分的一种非刑罚处罚措施。[①] 根据《刑法》第37条的规定,从司法部门和主管部门的权力关系来看,人民法院具有给予行政处罚或行政处分的决定权和具体处罚种类、程度的司法建议权,行政主管部门具有具体处罚种类及程度的决定权。

---

① 参见高铭暄、马克昌主编:《刑法学》(第4版),北京大学出版社2010年版,第268页。

人民法院的这种决定权和建议权，应当分别通过刑事判决书和司法建议书体现出来，以彰显司法权威并督促相关主管部门落实。检察机关作为我国法律监督机关，对于行政机关的履行情况具有法律监督权。

二、关于《刑法》第37条外部关系的体系解释

条文存活于关系之中。根据事物之间普遍联系的观点和对刑法条文进行体系解释的立场，《刑法》第37条是一个重要的总则条文，对其基本意蕴的合理解读，自然应将其放在整个刑法条文体系架构起来的立体框架中，将"理论的触须"拓展到条文外部，厘清《刑法》第37条与相关重要条文的内在关系。从司法适用来看，着重需要厘清的是《刑法》第37条与其他免刑条文的关系。

（一）我国刑法中的免刑条文梳理

截至《刑法修正案（九）》，除了《刑法》第37条之外，《刑法》中直接涉及免刑（免除处罚、免予刑事处罚）的条文规定共有16处，零散地分布在总则和分则中。《刑法》总则中共有10处，它们分别是第10条（"在外国已经受过刑罚处罚"）、第19条（又聋又哑的人或者盲人犯罪）、第20条第2款（防卫过当）、第21条第2款（避险过当）、第22条第2款（预备犯）、第24条第2款（中止犯）、第27条第2款（从犯）、第28条（胁从犯）、第67条第1款（自首）、第68条（立功）；《刑法》分则中共有6处，它们分别是第164条第3款、第276条之一第3款、第351条第3款、第383条第3款、第390条第2款、第392条第2款。

在这16个免刑条文中，属于"可以"型规定的有11处，其中，除了2处是可以单列型规定（第67条第1款和第351条第3款中

“可以免除处罚”）之外，9 处都是可以双选或三选型规定。具体来看，属于可以双选型的规定有 6 处（第 10 条“可以免除或者减轻处罚”、第 68 条“可以减轻或者免除处罚”、第 164 条第 4 款“可以减轻处罚或者免除处罚”、第 276 条之一第 3 款“可以减轻或者免除处罚”、第 383 条第 1 款“可以减轻处罚或者免予刑事处罚”、第 390 条第 2 款“可以减轻处罚或者免除处罚”），可以多选型的规定有 3 处（第 19 条“可以从轻、减轻或者免除处罚”、第 22 条第 2 款“可以比照既遂犯从轻、减轻处罚或者免除处罚”、第 392 条第 2 款“可以减轻处罚或者免予刑事处罚”）。

在这 16 个免刑条文中，属于“应当”型规定的有 5 处，其中，除了 1 处是应当单列型规定（第 24 条第 2 款“应当免除处罚”）之外，4 处都是应当选择型（双选或三选型）规定。具体来看，属于应当双选型规定的有 3 处（第 20 条第 2 款“应当减轻或者免除处罚”、第 21 条第 2 款“应当减轻或者免除处罚”、第 28 条“应当按照他的犯罪情节减轻处罚或者免除处罚”），属于应当三选型规定的仅有 1 处（第 27 条第 2 款“应当从轻、减轻处罚或者免除处罚”）。

通过对我国免刑条文的逐一梳理将不难发现：在这些规定中，绝大多数都没有关于非刑罚处罚措施的规定。这些规定能否涵盖现实生活需要免刑的全部情节事由也不无疑问。

那么，《刑法》第 37 条作为我国刑法中的一个重要总则条文，它与其他相关刑法条文之间的关系如何呢？我国刑法理论对此存在较大争议。我国刑法理论一般认为，《刑法》第 37 条可以作为独立的免刑依据适用，但也有不少人认为，第 37 条只是其他免刑条文的概括性规定，因此，在不具备其他免刑条文规定的免刑情节时,不能直接根据其作出免刑判决。[①] 这既不利于我们深刻认识该条文的基本内涵,也会对司法实践正确理解和适应该条文带来不少困惑。

笔者认为,根据总则指导、补充分则的基本原理,《刑法》第37条与其他免刑条文之间具有指导与补充的双重关系。这里的补充,又体现在两个方面:一是《刑法》第37条在非刑罚措施上对其他免刑条文的补充;二是《刑法》第37条在免刑情节上对其他免刑条文的补充。这里的指导,是指《刑法》第37条作为规定免刑适用方法(思路)的总则性条文,在个案的免刑适用方法上对其他免刑条文的适用具有指导意义。

(二)《刑法》第37条与其他免刑条文的补充关系

《刑法》第37条与其他免刑条文,在非刑措施上具有补充关系。如前所述,《刑法》第37条之外的其他关于免刑的规定中,绝大多数都没有关于非刑罚处罚措施的规定,但没有并不等于不能、不应在免除刑罚的基础上,酌情适用非刑罚处罚措施。在适用这些没有规定非刑罚处罚措施的免刑条文对犯罪人定罪免刑的基础上,如果个案情况确需对犯罪人适用一定的非刑罚处罚措施,就应当根据《刑法》第37条与其他免刑条文在非刑措施上所具有的补充关系,充分发挥《刑法》第37条在免刑措施上的补充作用,根据个案情况酌情适用一定的非刑罚处罚措施即可。

《刑法》第37条与其他免刑条文,在免刑情节上还具有补充关系。《刑法》第37条在免刑事由上的补充性,决定了它实际上是关于酌定免刑情节的独立性规定,是一个关于独立免刑事由的

① 参见张明楷:《刑法学》(第4版),法律出版社2011年版,第558页。

规定。也就是说，由于我国《刑法》在第 37 条之外关于免刑情节（事由）的规定是有限的，在纷繁复杂的罪案面前，仅根据这些免刑条文作出免刑判决，有时并不能满足量刑公正的客观需要，因此，一旦出现这些免刑规定不能涵括的免刑情节（事由）而又确需免除刑罚的具体情况，就应当酌情根据《刑法》第 37 条对相应犯罪人作出免刑判决，以满足个案量刑实质公正的现实需要。

（三）我国《刑法》第 37 条与其他免刑条文的指导关系

通过前述分析表明，我国《刑法》中的免刑条文，可以型规定得较多、应当型规定得较少，选择型规定得较多、单列型规定得较少，进而普遍地赋予了法官较大的自由裁量权空间。从可以型规定和应当型规定与法官自由裁量权的关系来看，其中，可以选择型规定（9 处）赋予法官的自由裁量权最大，可以单列型规定（2 处）和应当选择型规定（4 处）赋予法官的自由裁量权较大，应当单列型规定（1 处）赋予法官的自由裁量权最小。可见，在可以型规定中，什么时候“可以”，什么时候“不可以”？如果可以，是从轻、减轻还是免除？在应当型规定中，是应当从轻、减轻、还是免除？这些规定本身都无法给出具体的适用标准。因此，在司法适用中特别需要统一的适用方法来指导法官正确适用这些免刑规定。而《刑法》第 37 条“犯罪情节轻微不需判处刑罚的，可以免予刑事处罚”这一特有的规定方式以及其在整个刑法典中特有的体系地位，决定了其在免刑的适用方法上对其他免刑条文具有指导性。

三、关于我国《刑法》第 37 条法治功能的体系解释

（一）优化犯罪人处遇

1. 优化犯罪人处遇是充分保障犯罪人人权的内在需求

人权是现代法治社会不可回避的一个主题词。“国家尊重和

保障人权”已经庄严地写入《中华人民共和国宪法》。充分保障犯罪人的人权，是“国家尊重和保障人权”的宪法原则在刑事法领域的具体体现。基于充分保障犯罪人人权的考虑，犯罪人作为公民是法秩序主体，国家刑罚权不得在规范外介入行为人的利益，刑罚的适用不得超过已经证明了的规范责任范围，使违法的公民尽可能心理健康地重新返回社会。[①] 对于已经实施了犯罪行为的犯罪人，国家在给予一定的不利法律处遇、充分考虑如何防止其重新走上违法犯罪道路时，应当选择对犯罪人权利造成最小损害的方式。对能不判处刑罚的行为，就尽量不要判处刑罚；对能不用刑罚手段来实现特殊预防的行为，就尽量不用刑罚的手段。

2. 优化犯罪人处遇是有效预防犯罪人再犯的现实需要

实施了犯罪行为的行为人在法律上会受到什么样的处遇，是刑事法律中的基本问题。优化犯罪人处遇是切实预防犯罪人再犯的现实需要。根据《刑法》第 37 条的规定，人民法院对犯罪人在量刑时并非都要“一刀切”地对之判处刑罚，而是应当根据案件情况，综合全案情节，对于犯罪情节轻微不需要判处刑罚的，可以免予刑事处罚，同时，在此基础上还可以有针对性地选择适用各种非刑罚处罚措施。由此，犯罪人可以获得的被单纯宣告有罪以及在此基础上可能施加的非刑罚化处遇，对于情节轻微的犯罪人而言，有利于回避判处刑罚所带来的加辱性和烙印性，以使犯罪人易于改造和重新复归社会，进而有利于预防犯罪人重新犯罪。

特别是，结合《刑法》第 100 条关于前科报告的规定，如果对于犯罪情节轻微的犯罪人不加区分地一概判处刑罚，则会给其回

---

① 参见李海东：《刑法原理入门（犯罪论基础）》，法律出版社 1998 年版，《序言》第 3 页。

归社会增加一项沉重的前科报告义务，使其在入伍、就业时受到歧视，进而容易致其产生“破罐子破摔”的颓废心理和挫败人格，增加其重新走上违法犯罪道路的概率。相反，倘若对于情节轻微的犯罪人，不用判处刑罚就能实现特殊预防的，就应当大胆适用《刑法》第37条，优先考虑非刑罚的处罚措施，以优化犯罪人处遇，满足切实预防犯罪人再犯的现实需要。

3. 我国《刑法》第37条对犯罪人处遇的优化

我国《刑法》第37条赋予了犯罪人非刑罚化[①]的法律处遇，使刑罚不再成为犯罪人的唯一法律后果。因为根据《刑法》第37条的规定，犯罪人在实施犯罪受到国家机关追诉后，可能不再受到刑罚处罚，而是仅仅被宣告有罪或者在宣告有罪的基础上被训诫或者责令具结悔过、赔礼道歉、赔偿损失，或者由主管部门予以行政处罚或行政处分。该规定无疑表明“我们国家对犯罪的处理不是单纯地依靠刑罚，而是兼采多种方法”；“对于那些罪行轻微、不需要判处刑罚的犯罪分子，给予适当的非刑罚处理……给予犯罪分子一定的否定评价，使其受到教育、警戒，不致再次犯罪，从而达到预防犯罪的目的”。[②] 这无疑优化了犯罪人的处遇。

(二) 丰富量刑个别化

1. 量刑个别化的法治诉求

我国《刑法》分则，对每一个罪名都设定了相应的法定刑幅

---

① 所谓非刑罚化，在刑法理论上一般有狭义和广义之分。狭义上的非刑罚化（本来意义的非刑罚化），是指以刑罚之外的处分来代替刑罚；而除此之外，广义上的非刑罚化还包括把轻微犯罪从犯罪的范畴中排除，即广义的非刑罚化涵括了非犯罪化。人们一般所说的非刑罚化是指狭义的非刑罚化，本文也是在狭义的意义上使用非刑罚化的概念。

② 高铭暄、马克昌主编：《刑法学》（第5版），北京大学出版社、高等教育出版社2011年版，第267页。

度。在刑事司法实践中，在此普遍的法定刑幅度基础上，结合《刑法》总则关于量刑原则、量刑情节的规定，根据个案的全案情节个别化地裁量刑罚，是司法公正的基本要求，此即量刑个别化的问题。那么，什么是量刑个别化呢？樊凤林教授在其主编的《刑罚通论》中，将量刑个别化界定为在裁量刑罚的时候，应当考虑犯罪人的人身危险性因素，使刑罚的轻重与犯罪人的人身危险性相适当。[①] 对此，石经海教授在研究量刑个别化的基本原理时中肯地评价道，这个概念在内涵上将量刑个别化仅限制在对刑罚的裁量上，显然不符合现代量刑的实际和个别化的需要；在根据上仅以犯罪人的人身危险性作为量刑个别化的根据，是近代新派的极端做法，不是现代理性的量刑个别化，不符合现代量刑既要报应也要预防的要求。并在此基础上指出，所谓量刑个别化，是指在定罪基础上，把相关法律规范与具体犯罪的各种事实相结合，并在一定刑事政策、量刑原则的指导下，依一定方法形成与反映犯罪的社会危害性和犯罪人的人身危险性等方面的事实相适应的量刑结果的刑事裁量活动。[②] 在笔者看来，结合《刑法》关于量刑的全部规定，量刑个别化所要解决的问题不仅仅是刑罚轻重的问题，还应当解决刑罚有无的问题，即要不要判刑的问题。可以说，要不要判刑是量刑的起点问题，量刑的内涵应当包括刑罚的有无及轻重的裁量。因此，在定罪的基础上，量刑个别化的结果既可能是判处刑罚，也可能是不判处刑罚。

2. 我国《刑法》第 37 条对量刑个别化的丰富

根据我国《刑法》第 37 条的规定，量刑个别化的内涵不仅仅

① 参见樊凤林主编：《刑罚通论》，中国政法大学出版社 1994 年版，第 128 页。

② 参见石经海：《量刑个别化的基本原理》，法律出版社 2010 年版，第 60 页。

是指个别化地决定刑罚轻重,还包括个别化地决定刑罚的有无。后者确切地说,就是在对犯罪人作有罪认定和宣告的基础上,还要不要继续对犯罪人判刑的问题;如果不判刑,还涉及要不要给予训诫等非刑罚处罚措施的决断问题。可见,从量刑角度来看,《刑法》第37条是对量刑个别化的丰富。

(三)推动刑罚轻缓化

1. 刑罚轻缓化是不可逆转的时代趋势

(1)近代启蒙思想家对刑罚轻缓化的理性呼唤

在人类的刑罚发达史上,重刑主义是封建刑罚的典型特征,而刑罚的惨烈残酷通常又是和重刑主义互为表里的。从刑种来看,在封建时代,世界各国刑法中无不大量充斥着死刑、肉刑。从刑罚的执行方式来看,死刑、肉刑的执行方式极为残酷。以死刑的执行为例,统治者为了最大限度地发挥死刑的威慑作用,曾一度变换死刑的执行方式,规定了形形色色、残忍至极的执行方法,仅仅法定的常见死刑,就有十余种。翻开历史,您会发现,在人类文明演进的历程中,曾经有过那么一段无比血腥,让人触目惊心的时代。①

对于封建刑罚的重刑主义及惨烈残酷特征,以平等、自由、人权武装起来的近代启蒙思想家对其进行了深刻的反思。在此基础上,对刑罚轻缓化的理性呼唤亦展露端倪。比如,法国启蒙思想家孟德斯鸠在周游列国、探寻法的精神时指出,"在刑罚从轻的国家里,公民的精神受到轻刑的影响,正像其他国家受到严刑的影响一样。"②"在政治宽和的国家,一个良好的立法者关心预防犯

① 罗翔:《中华刑罚发达史——野蛮到文明的嬗变》,中国法制出版社2006年版,第130页。

② [法]孟德斯鸠:《论法的精神》(上册),张雁深译,商务印书馆1959年版,第101页。

罪,多于惩罚犯罪,注意激励良好的风俗,多于施用刑罚”。[①] 而深受孟德斯鸠启迪和影响的意大利刑事古典学派创始人贝卡利亚更是将封建严刑酷罚之弊作了鞭辟入里的解析和批判。他指出,“刑罚最残酷的国家和年代,往往就是行为最血腥、最不人道的国家和年代”。[②] 因为,“人类的心灵就像液体一样,总是顺着它周围的事物,随着刑场变得日益残酷,这些心灵也变得麻木不仁了”。

(2)现代犯罪治理观对刑罚轻缓化的理性认识

与封建时代强调重刑主义、希冀通过严刑酷罚来威胁和预防犯罪不同,现代社会基于对犯罪原因的理性认知,已经非常注重社会治安综合治理对于预防犯罪的长效机能。而与这种犯罪治理观相对应的必将是对刑罚轻缓化的理性认识,而不可能是对重刑主义的抱残守缺。

一方面,以实证研究方法武装起来的意大利刑事实证学派面对“古典派犯罪学理论发展到顶峰时,另一方面,这个国家却存在着过去从未见过的数量极大的犯罪行为的不光彩状况”[③]之窘境,不得不摒弃古典学派一味保持“意志自由”的抽象认识,并逐渐认识到“若要在一定程度上满意地解决犯罪问题,有效的方法是研究犯罪产生的原因,并根据这样一种研究的结果来制定救治措施”。[④] 于是,以龙勃罗梭、菲利、加罗法洛为代表的实证派学者通过从生物、自然、社会三个方面找寻犯罪原因后发现,归根结底,任何犯罪都是行为人的生理状态、自然条件、社会环境三种因素

① [法]孟德斯鸠:《论法的精神》(上册),张雁深译,商务印书馆1959年版,第98页。

② [意]贝卡里亚:《论犯罪与刑罚》,黄风译,中国大百科全书出版社1993年版,第43页。

③ [意]恩里科·菲利:《实证派犯罪学》,郭建安译,中国人民公安大学出版社2004年版,第121~122页。

④ 同上书,《序言》第3页。

相互作用、综合促成的结果。[①]

正是基于刑事实证学派对犯罪原因的科学认识，现代犯罪治理观在组建对犯罪的合理反应体系时，不再将预防和抗制犯罪的重任全部置于刑罚的"万能臂膀"上。人们认识到，"在整个社会控制犯罪的系统工程中，刑罚只能发挥有限的和短促的作用"。[②]因此，"解决犯罪这一社会问题的根本措施应当是动用社会力量消除犯罪的社会制罪因素"。[③] 在这种犯罪治理观的指引下，现在人们对"刑罚与其严厉不如缓和"[④]已经普遍性地达成了共识。毕竟，"重刑主义思想对于犯罪，犹如刚烈之猛药，只可解一时之痛，但时间一久，将产生连锁的副作用，非但不能根治顽症，相反会加重疾病"。与之形成鲜明对比的是，刑罚轻缓化作为一种现代犯罪治理观指引下的刑罚指导理念，要求人们在充分认识犯罪生成复杂原因的基础之上，秉持一种长效性、"和风细雨"式的综合犯罪治理观，对刑罚抗制犯罪的功能常抱怀疑谨慎之心、对受刑人常怀宽容恻隐之心，并将社会治理犯罪的目光多投向刑罚之外的其他方法。

当然，不容忽视的是，我国正处于社会急剧转型期，各种社会矛盾频发，犯罪发生率较高，维稳压力较大。在这样的国情下，在社会治理层面上，古代法家提倡的那种"重一奸之罪，而止境内之邪"，"禁奸止过，莫如重刑。刑重而必得，则民不敢试，故国无刑

---

① [意]恩里科·菲利：《实证派犯罪学》，郭建安译，中国人民公安大学出版社2004年版，第159页。

② 梁根林：《刑事政策：立场与范畴》，法律出版社2005年版，《合理地组织对犯罪的反应(代自序)》第7页。

③ 同上书，第9页。

④ 参见张明楷：《刑法格言的展开》，北京大学出版社2013年版，第479页。

民"之重刑主义思想在一定时期、一定范围内,势必还占据着一定的市场、充斥着一些人的头脑。因此,对于我国刑罚轻缓化的顺利实现而言,一方面,在犯罪治理的思想观念层面上,应当摒弃一味地依赖严刑酷罚来实现社会控制的重刑主义糟粕;另一方面,在犯罪治理的实践层面上,对于"疾风暴雨"式的"严打"现象,亦应时刻保持警醒和反思。事实证明,严打并非治本之策;一味强调严打,也容易将犯罪治本之策边缘化。

2. 我国《刑法》第 37 条乃推动刑罚轻缓化之利器

"刑罚轻缓是不可逆转的大趋势。"[①]但对于什么是刑罚轻缓化,我国学界并未达成共识,主要存在两种代表性的观点:一种是狭义的刑罚轻缓化观点。按照这种观点,刑罚轻缓化实际上是一种刑罚程度的轻缓化或者说在判处刑罚基础上的轻缓化;[②]另一种是广义的刑罚轻缓化观点。按照这种观点,刑罚轻缓化不仅是刑罚程度的问题,还涉及是否判处刑罚之刑罚有无的问题。[③] 对于这两种观点,笔者认为,后者更具有合理性。因为,如有学者所言:"刑罚轻缓化由狭义扩展到广义,是社会文明进步的结果。"随着人类文明进程的不断演进,从世界各国刑法的整体发展趋势以及"对于犯罪分子决定刑罚的时候"(《刑法》第 61 条),不仅仅要决定"刑罚的轻重"(《刑法》第 5 条),而且要决定需"不需要判处

① 储槐植:《美国刑法》(第 3 版),北京大学出版社 2005 年版,第 13 页。

② 其认为,刑罚轻缓化是指在判处犯罪分子刑罚的基础上,力求刑罚制裁强度和严酷性的降低,使其尽可能轻缓。这要求在刑事立法上,如果规定较轻的刑罚即可,就没有必要规定较重的刑罚;在刑事司法上,对于已经确定为犯罪的行为,如果适用较轻的刑罚即可,就没有必要适用较重的刑罚。参见张明楷:《刑法格言的展开》(第 3 版),北京大学出版社 2013 年版,第 480 页。

③ 其认为,刑罚轻缓化是指对于犯罪处以较轻缓的刑罚以及对于某些轻微犯罪免除刑罚而代之以其他的非刑罚处置措施。参见曲新久:《轻刑化与非刑罚化在中国》,载中国政法大学刑事法律研究中心、英国大使馆文化教育处主编:《中英量刑问题比较研究》,中国政法大学出版社 2001 年版,第 100 页。

刑罚”(《刑法》第37条)的立法规定和司法实践事实来看,尽量少判、不判刑罚也是刑罚轻缓化的应有之义。

进而,《刑法》第37条的正确理解和适用,实际上与推动我国刑罚轻缓化的实现密切相关。在立法层面上,若单纯从刑种的设置来看,除了罚金、剥夺政治权利、没收财产三种附加刑之外,我国立法由轻及重地设置了从管制、拘役、有期徒刑、无期徒刑直到死刑五种主刑。静态地看,这五种主刑和三种附加刑共同构成了我国的刑罚结构体系。但由于我国立法在这个静态的刑罚结构体系之外,还规定了从重处罚、从轻处罚、减轻处罚、免除处罚这四类量刑情节,故动态地看,我国刑法中由五种主刑和三种附加刑组成的静态刑罚结构体系,在个案量刑环节,经过这四类量刑情节体系以及缓刑制度的调整,致使刑事案件的量刑结果可能呈现从免刑(不判处任何刑罚)到死刑(判处极刑)这样一个极大的区间,在量刑环节,这也是刑罚轻缓化发挥作用的可能空间。

在这个空间里,免刑与死刑事实上是推动刑罚轻缓化之两极。我们就是要在这两极之间,竭力推动我国刑罚轻缓化的实现进程。在这个过程中,严格控制死刑适用和适度扩大免刑适用,对于我国刑罚轻缓化的实现无疑具有特别重要的意义,实现刑罚轻缓化就像是尽力使悬浮于水中的木块向下运动,这除了在木块上面向下施加压力(严格控制死刑适用)之外,还需要在木块下面向下施加拉力(适当扩大免刑适用),唯有上下合力,才可能最大限度地使木块在水中向下运动(实现刑罚轻缓化)。

就当前我国的刑罚轻缓化实现而言,由于死刑关涉公民的生命去留,死刑案件与其他刑事案件相比也更容易吸引人们的眼球、更容易引起人们的关注和讨论。因此,人们对严格控制死刑适用已经普遍地达成了共识,刑法理论和司法实践也为此耗费了不少精力。而与之相对的是,对于作为推动我国刑罚轻缓化之重要一极的免刑问题,并没有引起人们的足够重视。正所谓“无用之用方为大用”。事实上,免刑对于在整体上推动我国刑罚轻缓化的实现无疑具有特别的现实意义,应当引起人们的足够重视。而从免刑的法律根据来看,《刑法》第37条作为我国的酌定免刑情节之规定,为我国的免刑适用提供了广袤的空间。可以说,《刑法》第37条在当前实乃推动我国刑罚轻缓化之利器,用之得当,将与死刑适用的严格控制一道并肩齐行,共同推动我国刑罚轻缓化的整体实现。

Interpretation and Application of Article 37 of the Criminal Law Under the System

He Hongbo

Abstract: It is helpful to suture the theoretical differences of the exemption and unify judicial application by applying the system explanation method to deconstruct the article 37 of the Criminal Law. The article 37 of the Criminal Law contains two closely related parts. The first part is provisions on the discretionary circumstances of offsetting the penalty. The second part is provisions on the non-penalty punishment. From the external relations, the article 37 of the Criminal Law and the other provisions of the Criminal law have the dual relationship of complementary and guidance. From the perspective of the rule of law, it can optimize the treatment of criminals, enrich the sentencing individualization, and promote the punishment to be lightened by reasonable understanding and application of article 37 of the Criminal Law.

Keywords: system explanation; the article 37 of the Criminal Law; internal structure; external relations; the function of law

民事立案登记制之要素检视

高继凯[*]

摘　要：民事立案登记制自实施以来，各地人民法院当场立案登记率普遍提高，法院减少了对立案要素的审查，但旧的立案实质化审查方式仍有所保留。而且，随之而来案件大幅增加，案多人少矛盾凸显，亟待改善。通过对民事立案登记制由外及内的考察，从立审程序间要素的衔接与交错、三方关系对立案要素的影响与制约等维度分析，仍将法院主管要素、管辖要素作为立案要素加以考虑，不失为一种过渡阶段的立案策略，但立案要素一元化才是民事立案登记制的未来发展方向。

关键词：民事立案登记制；立审程序；三方关系；立案要素

一、问题提出

在党的十八届四中全会上，民事立案登记制作为一种新的司法制度安排，被正式列入国家法制建设的进程。在此背景下，最高人民法院率先颁布《关于适用〈中华人民共和国民事诉讼法〉的

* 西南政法大学民事诉讼法2014级硕士研究生。

解释》（以下简称《民诉解释》），第208条[①]对民事立案登记制进行初步规定。此外，最高人民法院颁布《关于人民法院登记立案若干问题的规定》（以下简称《立案规定》），对民事立案登记制进行详细的规定。民事立案登记制的核心在于简化立案流程，便于民众接近司法，然而，现行民事立案登记制作为现有民事诉讼法框架下的规范化调整，并没有改变起诉条件高阶化的现状。我国民事起诉条件的规定混淆了真正意义上的起诉条件（形式要件）和诉讼要件（实质要件），[②]存在诉讼要件庭前审查的情况，这可能导致诉讼要件的审查在判断上存在重复、在标准上存在不统一、在结论上存在冲突等问题。

具体而言，现行立案环节更多强调规范化运作，保障诉讼流程的透明、公开，留有诉讼痕迹，保有救济路径，从而限制法官个人权力的滥用，防止“抽屉案”以及防止超法律规范的司法运用等问题。从该层面上来看，现行立案登记制的构建在保障当事人诉权方面确实具有进步的效果。但是，立案审查制为人诟病之处并非只有看不见的超越法律规范的障碍，还存在起诉条件高阶化的障碍。根据《民诉解释》第208条的规定，立案时主要考虑案件是否达到起诉实质要件。立案庭对起诉实质要件进行文本审查时，由于缺少口头辩论环节，当事人双方难以进行对审，双方诉讼资料收集受限，可供辅助证明案件事实的证据材料缺乏。因此，起

---

① 第208条规定：人民法院接到当事人提交的民事起诉状时，对符合《民事诉讼法》第119条的规定，且不属于第124条规定情形的，应当登记立案；对当场不能判定是否符合起诉条件的，应当接收起诉材料，并出具注明收到日期的书面凭证。需要补充必要相关材料的，人民法院应当及时告知当事人。在补齐相关材料后，应当在7日内决定是否立案。立案后发现不符合起诉条件或者属于《民事诉讼法》第124条规定情形的，裁定驳回起诉。

② 参见张卫平：《起诉条件与实体判决要件》，载《法学研究》2004年第6期。

诉的实质要件并不适合在立案阶段进行审查。将起诉实质要件纳入立案程序中加以审查,将导致起诉条件高阶化。审查立案庭和审判庭虽然在结构上是分立的,但在功能上却存在交错的情况。在这样的模式下,诉讼资料在立案和审判阶段充实程度的不同导致对起诉实质要件的认识存有差异,影响司法效果的统一。

从最高人民法院发布的立案登记制实施情况看,全国当场立案登记率[①]高达95%,立案登记制实施效果显著,当事人的诉权得到基本保障。旧有的立案实质化审查中存在的立审程序功能交错、当事人与法院三方关系行政化倾向、起诉状过度实质化等弊端得到减弱。同时,从各地公布的当场立案登记率看,立案登记实施效果好者达到99%以上,如深圳(99.3%)、[②]大连(99.5%)。[③] 也有当场立案登记率相对比较低,只有92%,如浙江。[④] 这显示各地法院在实施立案登记制时,在审查标准判断上存有差异,但普遍偏高。只有极少数案件不能当场立案,意味着大部分案件都能顺利进入审判程序,这是因为实际上对诸如被告不明确等问题在立案阶段未作实质审查,例如,对于被告是中国香港特别行政区居民的案件,原告仅需提供中国香港特别行政区居民的身份证件即

---

① 指当场立案量占立案总量的比例。不能当场立案的案件可分为需要补正和需要进一步审查的,且大部分都是行政诉讼和民事诉讼案件。在不能当场立案的案件中,有一部分需要进行审查,以判断是否符合起诉条件。

② 参见《深圳中院工作报告:审结二手房买卖纠纷3926件同比上升191.7%》,载新浪网:http://news.sina.com.cn/c/2016-02-01/doc-ifxnzanh0519340.shtml,最后访问日期:2018年1月6日。

③ 参见《破解立案难:立案登记制使当场立案率达99.5%》,载大连天健网:http://dalian.runsky.com/2016-01/14/content_5431432.htm,最后访问日期:2018年1月6日。

④ 参见《浙江省高级人民法院工作报告》,载新浪网:http://news.sina.com.cn/o/2016-02-02/doc-ifxnzpkx5807332.shtml,最后访问日期:2018年1月6日。

可，但这种身份证件并不能反映被告的具体住址信息。[①] 立案登记的审查更多是遵循形式审查，在特别情况下才会进行实质审查。这证明立案登记制在实践过程中淡化立案过程中的实质化审查，在很大程度上回应了“起诉难”的问题。从这个意义上来讲，这种立案登记实践不仅规范了超越法之外的干预，而且进一步确立了在立案登记形式审查基础上，尽量减少对立案阶段诉讼要件的实质审查。这种实践突破《中华人民共和国民事诉讼法》（以下简称《民事诉讼法》）规定的固有高阶化起诉条件限制，[②]对诉权的保障达到一个新高度。

然而，根据最高人民法院公布的数据，2015 年 5 月到 12 月，全国人民法院共登记立案 994.4 万件，同比增长 29.54%，[③]诉讼数量大幅增加，法院工作压力增大，已经出现限号立案的情形。[④] 现有学术见解，多数都倾向于借鉴德国或者日本制度，对现行立案登记制进一步完善。[⑤] 但在立案登记率普遍偏高的情形下，实践操作层面与理论接近，反映当下立案登记形式化审查具有可行性，但又不能完全将所有诉讼要件审查从立案程序中剥离，必须在诉讼效率与诉讼权利保护之间寻求平衡。显然，民事立案登记制中要素在现阶段仅涵盖起诉要件是不可行的。现实中，立案要

---

① 参见（2015）深福法民一初字第 2373 号，被告为中国香港特别行政区居民，原告在起诉时未向本院提供被告的联系地址，但是依然受理，通过公告送达的方式予以缺席判决。

② 参见《民事诉讼法》第 119 条、第 124 条。

③ 《中国立案登记制度破解“立案难”》，载新华网：http://news.xinhuanet.com/2016-02/29/c_1118192902.htm，最后访问日期：2018 年 1 月 2 日。

④ 《真限号了，昆明法院‘限号立案’背后的无奈与困局》，载今日头条：http://toutiao.com/i6282951299843490305/，最后访问日期：2018 年 1 月 2 日。

⑤ 参见张卫平：《民事案件受理的反思与重构》，载《法商研究》2015 年第 3 期；段文波：《起诉制度的理论基础与制度前景》，载《中外法学》2015 年第 4 期；许尚豪、欧元捷：《有诉必案——立案模式及立案登记制构建研究》，载《山东社会科学》2015 年第 7 期。

素于外贯穿于立案程序与审判程序之间,于内受制于立案登记中的三方关系,立案要素的判定需要考虑这些因素。通过考察立审程序中的立案要素与三方关系下的立案要素,检视民事立案登记制中要素构成,并对此进行详细分析,确立一种可操作的立案要素判定模型,以缓和案多人少的矛盾。

二、立审程序间要素的衔接与交错

通常,立案登记外部关系系指立案程序与诉前调解程序、审判程序、执行程序、非诉程序之间的衔接与交错。在立案登记制的研究上,立案登记程序与审判程序之间有着更紧密的联系,立审不分或者立审交错是我国司法领域中一直以来都较突出的问题,直接影响立案要素的判定。

(一)立审程序间的衔接

立案程序与审判程序之间的衔接,主要是指在立案权与审判权相对分离基础上,法院内部对在案件的受理与审判过程中产生的信息进行交流,同时保持案件受理标准的统一。

立案权与审判权的分离,是 20 世纪 90 年代法院立审分立改革的结果,主要是为了解决当时立案权与审判权一体化造成的审判混乱的问题。在立案审查制的背景下,立案权与审判权并未完全分离,案件的审查不仅需在立案程序中进行,同时也需在审判程序中进行。立案程序与审判程序的衔接不仅体现在立案阶段信息的收集上,还体现在前后阶段对诉讼要件适用标准的统一上。

立案阶段收集的信息主要包括原告信息、被告信息、诉讼请求、事实理由、证据信息。被告信息的收集对于案件的送达至关重要,与案件审理进程关系甚大。诉讼请求直接关系法院裁判的对象，为立案庭和审判庭所重视，须具有可诉性。事实理由、证据信息对法院而言，关乎案件的审判准备程度，在一定程度上影响审判的效率。另外，由于立案、审判阶段双重审查的存在，立案庭与审判庭之间需要交流的起诉条件主要是诉讼要件的审查标准，以便于裁判的统一。

在现阶段，随着立案登记制改革的实施，立案权与审判权之间基本分离，立案程序无须承载诉讼要件审查的功能，以至于立审程序之间的衔接主要体现在立案阶段信息的收集上。但是，选择性司法根植的土壤仍未消除，[①]法律上的规定仍不免受到实践引导而大打折扣，部分诉讼要件标准界定仍需在立案庭与审判庭之间保持统一。

（二）立审程序间的交错

立案程序与审判程序之间的交错，主要是指在案件诉讼要件审查上的功能交错。立案程序与审判程序作为不同的结构分区，在功能上应该保持独立性。在立案登记改革的背景下，立审功能重叠问题有所弱化。

立案程序与审判程序，分属庭前阶段与庭审阶段两个不同的结构分区，功能上应有所区别。然而，在立案审查制情形下，对诉讼要件的审查不仅在立案程序中进行，也可以在审判程序中进行。从制度设置预设功能来看，立案阶段的审查是过滤不具备可诉性案件的主要渠道，审判阶段的审查则起到一种补充性的过滤作用。在立案阶段，立案程序由于并不存在对抗性，再加之被告

---

① 这个选择并不主要是法律特别是诉讼程序意义上的，其核心是对一些纠纷以政治的、社会的、习俗的等非司法因素阻挡，不予进入诉讼程序。参见陆永棣：《从立案审查到立案登记：法院在社会转型中的司法角色》，载《中国法学》2016年第2期。

当事人在案件立案送达之前难以参与诉讼程序,案件审查实质上只是介于原告当事人与立案庭之间的对话,从关系上来看,更带有一种行政色彩。在这种情况下,立案庭所进行的立案审查就会因缺乏诉讼资料及当事人的参与而缺失真实性。在审判阶段,对案件诉讼要件的审查会在合议庭或主审法官主持下依照对抗制的诉讼程序进行,对诉讼要件的审查就具备相对的真实性。立案程序与审判程序在功能定位上的交错,导致诉讼要件审查在不同阶段对当事人的权利保护力度不一致,有失司法公允。

自立案登记制实施以来,法院对案件诉讼要件审查呈现出一种宽松化的态度,在当事人主体资格、证据证明力等方面持一种开放的态度,但在法院主管问题、[1]管辖问题[2]上仍有保留。从实践层面来看,立案程序与审判程序的功能交错逐步出现弱化,结构与功能之间更契合。审判程序更多地主导了对当事人资格、证据证明力等问题的审查,这能够更好地厘清当事人主体资格、证据证明力等问题。由此来看,立案登记制能较有效地改善立案程序与审判程序,在功能交错上产生的适用程序的不公正及判断的不充分。从法律层面来看,立案程序与审判程序之间的功能交错并没有改变,事实上只是法院在实践操作层面上采取宽松化态度导致立案阶段对部分诉讼要件审查形式化,进而降低立审功能交错程度。保留立案阶段对法院主管、管辖要素的审查,有利于减

① 参见(2015)深中法立民终字第3589号,“非平等主体之间的民事纠纷”不属于民事案件的受理范围;(2015)深中法房终字第2227号,“历史遗留的落实政策性质的房地产纠纷”不属于人民法院主管的民事纠纷范围;(2015)深中法立民终字第732号,“征收补偿纠纷”不属于人民法院受理民事诉讼的范围。

② (2015)深中法立民终字第4167号,一审法院认为不具有管辖权,不予受理,二审法院予以认可。(2015)深中法立民终字第1197号,一审法院认为不具有管辖权,不予受理,二审法院予以纠正。

轻法院承受的社会负担。

三、三方关系对立案要素的影响与制约

立案登记的三方关系，主要指原告、被告、法院在立案登记阶段形成的关系。原告、被告、法院在立案登记阶段所形成的关系是三方诉讼利益的集中体现，这种关系并非对某方利益的绝对化保障，而是立案要素判定的基础。同时，三方之间的诉讼利益也会存在冲突，这也意味着三方之间存在制约关系，利益的享有并非不受限制，制约了立案要素的选取。

（一）三方诉讼利益关系

三方诉讼利益关系主要指原告、被告、法院在立案登记过程中追求程序利益时所形成的关系。这种关系以三方诉讼利益为基础，是各方的利益诉求的组合，是立案要素判定的基础。

1. 原告诉权保障

民事诉权就本质上而言，是一项程序权利。[①] 任何人有合理理由认为当自己的权利与他人发生争议时，就可以请求国家给予司法救济，不允许法院以任何理由拒绝裁判。同时，法院也不得对当事人提起诉讼附加任何条件。

原告的诉权保障具体到立案环节，就是对程序发动权的保障。归根结底在于对起诉条件只作形式审查。通常，法院应根据当事人声称的内容审查是否符合起诉条件，不得就当事人与本案是否有利害关系、是否有证据证明案件事实、争议事项是否属于人民法院主管、是否超过诉讼时效等实体问题进行审查判断。[②]

---

① 一般情况，包括程序发动权、程序选择权、程序异议权、公正裁判行为请求权等权利。

② 参见吴英姿：《论诉权的人权属性——以历史演进为视角》，载《中国社会科学》2015 年第 6 期。

更进一步讲,对于法院的不予受理行为,原告可以选择行使程序异议权,通过向上级法院上诉,进而保障自己的诉权。

2. 被告诉讼利益保障

在整个立案阶段,被告有免受不具诉之利益的诉讼影响的权利,并且应获得相应的程序知情权。“无利益即无诉权”,对于缺乏“诉之利益”的案件,如果在现行立案后再裁定驳回起诉,被告势必会陷入不应存在的纠纷,给被告带来不必要的诉讼耗费。另外,在立案程序上,德国、日本实施期日制,诉讼系属以诉状送达被告时始生效。[①] 被告有权充分及时了解与己相关的诉讼程序的情况。法院必须平等、及时地告知受到诉讼结果影响的被告,使其能够充分及时地了解诉讼程序的进行情况,充分及时地参加诉讼,行使诉讼听审权或者适时作出诉讼行为。[②] 在我国法院实践操作中,并没有诉讼系属这个概念,只存在“案件受理”的概念。当法院决定受理原告的案件时,案件当然地进入诉讼程序,被告自然受到相应的约束。这种不区分受理与诉讼系属的做法,将会影响被告的程序知情权,以致在诉讼进行中可能缺失被告的参与。

3. 司法有序运转

法院审理民事案件,既要保障原告、被告双方诉讼利益,同时还要保障案外第三人的利益,防止恶意诉讼、虚假诉讼。在立案阶段中,法院对于原告、被告双方的利益保护主要在于立案审查及诉讼信息的告知,保障原告、被告双方能够有序参与诉讼,减少不必要的诉讼负累。同时,对于滥用诉权的情形,法院应当综合

① 参见段文波:《起诉制度的理论基础与制度前景》,载《中外法学》2015 年第 4 期。

② 参见邵明:《论民事诉讼程序参与原则》,载《法学家》2009 年第 3 期。

追究民事责任、行政责任和刑事责任,多层次地惩治和预防滥用民事诉权的行为,从而更有效地减少和消除实践中日益增多的民事滥用诉权现象,实现诉讼秩序和法律秩序的良性运行。[①]

(二)三方相互制约关系

在立案程序中,原告、被告、法院的三方诉讼利益相互制约,因而立案要素的选取要考虑这种因素。

原告的诉讼权利确实应受到制约,因其关乎正义,这种正义不仅在于维护原告的利益,更在于实现个人利益与司法资源的平衡。在当场立案登记率极高的现实中,案件的立案审查要素大部分倾向于形式化。这种遵循保障诉权政策指引司法实践的行为,在极大保障当事人诉讼权利的同时,可能会接纳部分虚假诉讼,或导致诉讼案件大量积压,给法院和被告人造成不必要的诉讼负担。从这个角度来分析,对于不属于法院主管的案件,进行部分实质审查是有必要的,这有利于减少不必要的司法资源浪费,从而维护司法正义。

对被告诉讼利益的保护不是绝对的。原告向法院起诉被告时,如果原告提供被告的姓名或者名称、住所等信息具体明确,足以使被告与他人相区别的,法院就应当受理案件,保障原告的诉权。这是因为当被告信息具有明确性时,诉讼能够有序进行,不需要对被告在立案阶段加以特别保护。

司法的运转具有有限性,不能完全保障原告、被告的诉讼利益,不能接纳所有案件。司法裁判只能解决特定范围内的事情,并不能解决所有社会纠纷,例如,关于集体经济组织自有资金分

① 参见王晓、任文松:《民事诉权滥用的法律规制》,载《现代法学》2015 年第 5 期。

配问题,在现有法律体系下,难以处理。鉴于司法资源的有限性,法官员额制导致法官数量的减少,特别在当场立案登记率较高导致诉讼案件大幅度增加的现实情况下,案件积压已经成为各地法院亟待解决的问题。对于非格式化的客观性纠纷,法院难以运用规范性规则解决纠纷。另外,基于特定政治因素的考虑,司法权的最终性也会大打折扣。总之,受限于司法的有限性,法院需要考虑纠纷的可解决性和审判的效率。

通过对三方相互制约关系的分析,在当前的社会转型期间,对于诉讼要件在立案阶段的审查应当弱化,但考虑在法院权威不足情形下纠纷解决的局限性,仍需要对其中部分要素加以实质性关注。对于三方而言,法院的主管要素是必须予以保留的。例如,在“三鹿奶粉案”中,纯粹的司法路径解决不仅耗时费力,而且容易诱发社会矛盾,该类案件在当年都不予受理,由政府直接出面解决。[①] 显然,有部分案件是法院在当下难以处理的,对这类案件不予受理具有合理性。但是,这种不予受理在立案登记制度下必须严格限制,至少需要省一级人民法院的批示。另外,对于管辖要素,也需要考虑,这种考虑更多是对审判的效率的回应。如果不衡量管辖要素,则很可能出现人口净流入地区案件激增、人口净流出地区案件减少、部分地区法院审判负担过重的情况,进而会影响审判的效率。

① 2008年9月至12月底,全国发现众多婴幼儿因食用包括三鹿牌在内的全国多家乳品企业生产的奶粉而导致泌尿系统出现异常,这也就是震惊国内外的“三聚氰胺”事件。最高人民法院则要求相关法院积极引导当事人依靠政府协调解决纠纷,做好法律释明,让相关受害人充分了解诉讼对证据的要求、诉讼风险、诉讼程序以及被告可能存在执行不能等情况,慎重把握司法介入时机和条件。

四、立案要素的二元化与一元化

立足于立案登记程序与审判程序在实践中既交错又衔接的复杂现状，立案要素的判定不可能单纯采纳形式化审查的方式，这不符合既有的司法传统，也不利于提升司法权威。从立案登记三方关系来看，在公平与效率之间必须寻求平衡，这是我们现实司法关系的体现，这意味着诸如管辖、主管等要素就必须成为考虑的立案要素。诉讼要件从起诉条件整体剥离的根本性改革，前景并不明朗，甚至在相当长时期内难以实施。在两难选择之下，将部分诉讼要件要素保留在起诉阶段加以判定，不失为当前过渡阶段的一种策略。随着国家治理法治化的深入推进，司法将在法律实施过程中发挥更重要的作用，以诉讼要件与起诉要件相分离为指导，在我国民事立案程序进行彻底改造的外部法治环境逐步成就时，诉讼要件终可从起诉条件中彻底剥离并建立与之适应的审理程序，民事立案要素的判定秩序将得到理性优化。因此，当前立案要素应采纳二元化结构，即管辖、主管等要素仍应在立案阶段加以判定，立案要素不仅涉及起诉要件还涉及诉讼要件中管辖要素、主管要素。着眼于未来，立案要素应采纳一元化结构，即立案要素仅包括起诉要件。

（一）立案要素的二元化

立案要素二元化，是对立审程序之间要素衔接与交错、立案三方关系现状的回应。通过将部分诉讼要件从起诉条件中的剥离，保留主管、管辖要素，回应“民事审判权主管范围仍会长期受限、法院司法能力应对不足、立审分离的改革惯性”等诉讼要件论适用的制约因素，[①]确定这种结构是对当下司法实践的妥协。

① 参见唐力、高翔：《我国民事诉讼程序性事项二阶化审理构造论》，载《法律科学》2016 年第 5 期。

法院主管涉及法院与其他纠纷解决机构的权能分工问题，具有较强的公益性和抽象性，宜以职权探知方式查明，判决纠纷是否由法院主管亦相对直接简单。更重要的是，选择性司法根植的土壤仍未消除，在法院权威尚未被高度认可的时代，应尽可能在推动法院相对独立基础上，逐步扩大纠纷司法解决的范围。决策层和实务界对诉讼要件从起诉条件整体剥离的担忧，亦集中于法院主管，故而在起诉受理阶段保留法院主管要件，而将其他要件剥离，有助于诉讼要件与起诉要件的最终分离。

对于管辖问题，法院则可以持宽松态度。从现行法规来看，管辖错误已经不再作为再审的理由，法律对管辖的准确性要求也在降低。相应地，即使管辖错误，被告应诉答辩的，法院也当然具有管辖权，现行的管辖错误行为因被告的应诉答辩而得到补正。从这个角度来思考，对于管辖有争议的，应先予立案，但对于专属管辖和级别管辖，当在立案程序中加以认真判定。

（二）立案要素的一元化

起诉要件与诉讼要件分别对应诉的提起适法和诉的适法，应当在立案阶段和审判阶段分别加以判定，这是大陆法系国家的通用做法。[①] 这是我国民事立案登记制未来继续改革的方向，即推行立案要素的一元化，即要法院在立案阶段只考虑起诉要件，而排斥对诉讼要件的考虑。大陆法系国家和地区对起诉要件的要求主要体现为诉状合于法定程式以及诉讼费的缴纳上，其中诉状具备法定记载事项是核心。

在诉状记载事项方面，德国法中的必要记载事项，包括法院

① 参见张卫平：《起诉条件与实体判决要件》，载《法学研究》2004 年第 6 期。

和当事人、标的和理由。如果诉状包括了对诉讼理由的任何具体化说明，诉讼就是合法提起、确定的请求。[①] 我国台湾地区关于诉之提起规定，原则上须提出诉讼于法院，因法院之受理并将诉状缮本送达被告而完成。诉状分为必要记载事项和任意记载事项。必要记载事项包括当事人及法定代理人、诉讼标的及其原因事实，应受判决事项之声明；任意记载事项主要包括准备言辞论之事项，且记载攻击防御方法并表明证据，以利诉讼进行。[②] 日本法中诉状应载明当事人、请求旨趣、请求原因。请求原因，是指可使请求特定所必要的事实。为促进整理争点目的实现，须将请求、理由、事实与举证事由相对应，但此类任意记载事项不影响诉状效力。[③] 以上具有代表性的规定尽管在诉讼记载事项略有差异，但更多体现出共性：诉提起适法的审查主要是诉状必要记载事项的审查，任意记载事项一般不影响诉状效力。

在我国，根据《立案规定》第 4 条的规定，起诉要件包括原告信息、被告信息、诉讼请求、事实理由、证据信息。这些要素都是诉状应该载明的信息。

原告作为诉的要素的当事人，必须具体明确。只有当事人具体明确，才能明确判决的承受人和诉讼文书送达的受领人。如果当事人不明确，管辖、回避、诉讼权利义务承担都无法判断。[④] 在通常情况下，原告信息应包括原告的姓名、性别、年龄、民族、职业、工作单位、住所、联系方式；如果是法人或其他组织的，还应包

① 参见[德]罗森贝克、施瓦布、戈特瓦尔德：《德国民事诉讼法》，李大雪译，中国法制出版社2007 年版，第 687 ~ 688 页。

② 参见陈计男：《民事诉讼法论》，台北，三民书局股份有限公司 2006 年版，第 263 ~ 266 页。

③ 参见[日]新堂幸司：《新民事诉讼法》，林剑锋译，法律出版社 2008 年版，第 157 ~ 159 页。

④ 参见刘敏：《功能、要素与内容：民事起诉状省思》，载《法律科学》2014 年第 3 期。

括法人或者其他组织的名称、住所和法定代表人或者主要负责人的姓名、职务、联系方式。

作为诉的要素当事人的被告,必须具体明确,具体内容与原告要求一致。但是,由于对被告信息的收集难于原告信息的收集,在这个问题上存在原告与法院之间的博弈。如果原告不能提供相对准确的被告信息,法院往往可能以被告不明确为由,拒绝受理案件。"明确的被告"被赋予丰富、多层的内涵,包括"可识别被告""可送达的被告""适格被告"等类型。我国《民诉解释》第209条,首次将被告信息收集标准由"明确被告"限制解释为"可识别的被告",即"原告提供被告的姓名或者名称、住所等信息具体明确,足以使被告与他人相区别的,可以认定为'明确的被告'"。[①] 相较于以往,"可识别的被告"明确性大幅度上升,审查标准也有所降低。[②] 但是,在一些特殊情况下,如网络侵权,[③]被告信息的收集存在不足,不符合"可识别的被告"的情况。对于这种情形,考虑案件送达的便利性与可能性,现阶段暂不宜将其纳入诉讼程序。另外,从保障被告人听审权角度出发,"可识别被告"标准是可行的。否则,滥用诉权进而剥夺他人参加诉讼的权利,会产生不利于被告的缺席裁判的消极后果。

诉讼请求应当具体明确,能够突出反映原告的利益追求。诉

① 参见颜君:《"明确的被告"与被告主体审查制度构建》,载《内蒙古大学学报》(哲学社会科学版)2016年第1期。

② 参见(2015)深中法立民终字第1005号,原告在提供被告姓名、居住地等信息的情况下,被一审宝安区法院认为被告不明确予以不予受理,深圳市中级人民法院认为不当,指定宝安区法院受理。

③ 参见颜君:《"明确的被告"与被告主体审查制度构建》,载《内蒙古大学学报》(哲学社会科学版)2016年第1期。(2014)海民初字第30003号规定,"原告没有证据确定网名为'目的单纯快乐'的网络用户真实身份。其起诉时提供的所谓被告身份信息,包括姓名、年龄、性别、住址均无法核实,故原告耿年起诉的被告主体身份不明确"。

讼请求制约着法院审判的对象范围，同时便于被告知悉原告的主张以准备抗辩。例如，在金额给付之诉中，请求金额应当具体明晰。在不提供具体诉讼请求，且不予补正的情况下，法院应当不予受理。[①]

对于事实与理由，我国立法中并没有对其的具体程度有明确要求。但是，事实与理由详尽程度又直接关系法院在审理案件中的效率，仍需重点关注。原告在提起诉讼时，应在起诉状中提供足以使案件特定化的具体事实，不仅需要陈述直接事实，还应进一步陈述支持直接事实的间接事实。按照“法官应当知法”的一般原理，当事人对法律的理解对法院并无拘束力，因而不能要求原告就法律上的理由作充分论述，原告无论是否陈述法律上的理由以及陈述的法律上的理由是否正确，都不影响起诉状的合格。[②]

证据信息是起诉状准备功能所需要的记载的事项，通常被认为是任意记载事项，即如果当事人在起诉状上不记载证据、证据来源、证人姓名和住所，起诉时不提供证据材料，只要起诉状上的必备记载事项合格，则该起诉状合法。[③] 但是，从防止当事人滥用诉权及合乎法律规定的视角出发，明晰相应的证据信息有利于提升审判的效率及被告的诉讼准备，在立案与庭前准备程序界分不明的情况下更具有现实意义。因此，证据信息应当作为起诉状，

---

① 参见(2015)滨塘民立字第4号，起诉人诉讼请求为：(1)依法确认天津市滨海新区北塘街道北村村民委员会把村民赖以生存的土地以“以租代买”的形式与上海方豪房地产开发有限公司签订的《土地使用权租赁合同》，侵犯了原告的合法权益；(2)依法确认天津市滨海新区北塘街道北村村民委员会把修建塘汉快速路国家补偿给村民的征地补偿款，转给天津天融投资发展有限公司，侵犯了原告合法权益。经审查，法院认为起诉人的诉讼请求不具体明确，且不予补正，裁定不予受理。

② 参见刘敏：《功能、要素与内容：民事起诉状省思》，载《法律科学》2014年第3期。

③ 同上。

必要记载事项予以说明。相应地，对于证据信息的说明程度并不应当有具体要求，提供证据信息即可。

五、结语

自立案登记制改革实施以来，虽然解决了部分“立案难”问题，但是各地区在立案登记实践中在标准把握上仍存有差异，对部分诉讼要件实质化审查仍然存在，呈现出基本要素形式化审查，部分要素实质化审查的倾向。立案登记制的构建是在既有法律体系下进行的，并没有从根本上与旧有的立案制度完全分离。因而，立案登记改革仍需进行下去，但是就现阶段而言，立案登记制度仍需回应和尊重既有立案审查制的痕迹，在保障当事人诉讼权利的同时，还应充分考虑私人利益保护与司法资源耗费之间平衡，主管要素、管辖要素仍应在立案阶段加以判定，在渐进式改革中逐步实现当事人诉权的充分保障。这既是现实的需要，也是一种司法的期待。

Analysis on System to Judge Civil Registration Factor

Gao Jikai

Abstract: Since the implementation of civil case-filing register system, registration rates on the spot around the court is generally higher, and all courts tries to reduce substantive review in filing stage, but substantive review used in the past is still reserved. Besides, the number of the cases increases so rapidly and judges can't handle such a large number of civil cases, which is in urgent need of improvement. By investigating the civil registration system from the outside to inside, on the two-dimensional analysis of relationship of registration and judgement, and of court and party, considering the elements of court administration and jurisdiction as filing elements, would be a proper strategy on the transitional period. However, the integration of filing elements is the future direction of civil case-filing register system.

Keywords: procedure of registration; procedure of judgement; relations of court and party; the civil registration factor

引诱违约的侵权法规制

——理性立场及其在《民法典》中的制度展开

宫栋良*

摘　要：引诱违约是民商事领域的一种重要侵权形态，侵权法介入该行为的规制，源于加强债权保护和维系市场伦理底线的双重考量。从内在合理性抑或外部功用性来看，侵权法对引诱违约的规制都应当保持谦抑品性。我国学界对此尚未有充分认知，各版民法典草案对该规定的设置也有疏漏。应通过引诱违约的区分机制、周延可行的免责条款以及能保证侵权法和合同法恰适衔接的责任设置，在制度构建中实践这一理性立场。

关键词：引诱违约；侵权法规制；理性立场；民法典

一、问题的提出

引诱债务人违约是经济生活中的多发现象，在注重市场竞争

* 西南政法大学民商法学院民商法2014级硕士研究生。

本文系2015年西南政法大学研究生科研创新计划资助项目“惠普金融视野下证券合格投资者制度的重构”，(批准号“XZYJS2015135”)。

的商事领域尤其如此,甚而已经发展成为商业侵权的重要形式。[①]自20世纪90年代我国兴起对侵害债权理论的研究以来,学界对通过扩张侵权法调整范围来规制引诱违约这种典型的侵害债权类型逐渐达成共识。与此有关的立法也尝试在曲折中持续进行。[②] 在本次民法典制定中,为回应学术界长久的立法呼吁、适应社会实践的强烈需求,设置针对规制引诱违约行为的制度将成为一项重要议题。事实上,在由学者领衔起草的中国民法典草案中均有相关条文的设计,[③]新制度借由民法典的东风大有呼之欲出之势。

但是这一制度本身掺杂着太多相互矛盾的因素,不仅同大陆

① 参见马荣:《商事侵权责任初论》,南京大学法学院2012年博士学位论文,第71页。

② 1999年的《中华人民共和国合同法(草案)》中曾经设置了关于侵害债权制度的条文,不过"后来立法机关认为在合同法中规定侵害债权责任好像不大合适,就说将来在制定侵权责任法的时候再去规定这个条文"。在侵权法的制定过程中,"大家又觉得不好写,怕混淆合同法和侵权法的界限,又担心人民群众引发误解",所以在《中华人民共和国侵权责任法》(以下简称《侵权责任法》)第2条第2款列举的18种民事权益中,没有将债权纳入进去,而是用"等人身、财产权益"进行了处理。参见《中华人民共和国合同法(草案)》第125条规定;杨立新:《侵权责任法:条文背后的故事与难题》,法律出版社2011年版,第24页。对于《侵权责任法》第2条是否可起到规制引诱违约等侵害债权行为,立法者们认为:"对于债权是否受本法调整,没有明确作出规定,大多数意见认为第三人侵害债权应当属于侵权责任的范围。本条第2款列举了部分民事权益,最后用了'等人身、财产权益',这可以涵盖第三人侵害债权的问题。当然,对于第三人侵害债权的构成要件、责任方式等问题还可以进一步研究。"由此可见,立法者们是接受将债权纳入侵权法保护范围的,之所以未明确见之于法条,是由于对可能出现的立法误导的担忧以及对如何在与现有法律体系科学衔接的基础上进行具体的制度构建尚存疑问。参见全国人大常委会法制工作委员会民法室编:《中华人民共和国侵权责任法条文说明、立法理由及相关规定》,北京大学出版社2010年版,第8页;王胜明主编:《中华人民共和国侵权责任法条文解释与立法背景》,人民法院出版社2010年版,第21页。

③ 梁慧星教授领衔起草的社科院版《民法典(草案)》第1645条规定:"第三人以引诱、胁迫、欺诈等方式使合同一方当事人违反合同的,合同对方当事人有权请求该第三人赔偿损失。"参见梁慧星主编:《中国民法典草案建议稿附理由(侵权行为编)》,法律出版社2013年版,第80页。王利明教授牵头起草的《中国民法典学者建议稿及立法理由》第1833条规定:"第三人明知他人享有债权,以引诱、胁迫等方式阻止债务人不履行债务,侵害他人债权,造成财产损失的,应当承担赔偿责任。"参见王利明主编:《中国民法典学者建议稿及立法理由(侵权行为编)》,法律出版社2005年版,第351页。

法系绝对权—相对权的权利二元划分体系相违背，还蕴含私法自治和法律干预之间、经济效率和市场秩序之间的内在冲突，而且按照新制度设计的法律关系，可能出现债权人、债务人、第三人三方之间新的利益失衡问题。由此带给学界一个亟待解决的疑问：对待这一内含有多种抵牾的新制度应秉持何种立场才称得上理性？

遗憾的是，长久以来，学界或是由于仅强调制度创设的必要性，而对这些冲突多多少少予以忽视，或是过度侧重于统一的侵害债权制度的建立，而对引诱违约这一特殊侵害债权形态中隐含的上述抵牾缺少应有的关注。学者们在形式功利化的冲动中，遗忘了对该制度理性立场的思考。本文拟以此为基，尝试通过制度内外部检视对该问题作出合理的解答，并力图在制定民法典的背景下为贯彻理性立场给出制度构建上的建议。

二、追索与探析：侵权法规制引诱违约应持何种理性立场

（一）内在合理性视角

1. 从私法体系内在和谐角度来看

我国私法体系传承自大陆法系，大陆法系在权利划分上强调绝对权与相对权相互分离，在权利保护上强调侵权法和债法相互分工，由侵权法保护绝对权，债法（主要是合同法）保护相对权。在这种私法体系下，侵权法和合同法构成权利保护之双翼，分别对绝对权和相对权进行专属保护。为了完成其法律功能，它们结合绝对权和相对权各自的特点制定了整套的权利保护方式，且经过长期的发展已各自形成了自身成熟的制度。

基于此，对引诱违约行为进行侵权法规制，使侵权法介入债权保护领域，势必会对原有的体系架构带来扰动，而且对原有分

工的突破也会对私法体系的内在和谐产生一些影响。“侵权责任法不断扩张，会影响到民法内部体系的和谐一致，以及妨碍我们正在推进的民法典制定工作。”[①]但是，在实践产生强烈需求且学界和立法机关就应不应当设立该制度已达成肯定的共识[②]的情况下，该制度的建立势在必行。既然不能避免既有体系的嬗变，不能阻止侵权法向合同法的扩张进程，那么确保冲击和负面效应的最小化，就应是该制度引入过程中十分重要的一项理念原则。

在侵害债权制度引入后，要保证冲击的最小化，就要尽力保证合同法在保护合同债权上的优先地位。因为维系既有民法体系的根本在于坚持其精神内核，在体系中某些构架不得不根据社会发展而产生些许调整进而对体系本身产生冲击时，对本体系精神内核的坚守可以使这种冲击降到最低。在权利划分与保护方面，既有民法体系的精神内核是债权尽量由合同法来保护，而绝对权尽量由侵权法来保护。现在虽然允许侵权法为债权提供救

① 参见王利明：《侵权责任法与合同法的界分——以侵权责任法的扩张为视野》，载《中国法学》2011 年第 3 期。

② 学界除魏盛礼在《第三人侵害债权理论，法学歧途还是理论创新》（载《河北法学》2005 年 9 月）对第三人侵害债权制度持反对意见外，其他学者的文章几乎清一色地对此持肯定态度，我国台湾地区学者如王文钦：《论第三人侵害债权的侵权行为》，载梁彗星主编：《民商法论丛》（第 6 卷），法律出版社 1997 年版，第 772 页；朱柏松：《论不法侵害他人债权之效力》（上），载《法学丛刊》1992 年第 145 期；王泽鉴：《侵权行为》，北京大学出版社 2009 年版，第 174 页。我国大陆学者如王利明：《论第三人侵害债权的责任》，载王利明主编：《民商法研究》（第 3 辑），法律出版社 2014 年版，第 566 页；杨立新：《侵权法论》，人民法院出版社 2004 年版，第 350 页；赵勇山：《论干涉合同履行行为的民事责任》，载《法学研究》1992 年第 5 期。此类学者为数众多，不一一列举。立法机关对建立侵害债权制度也是持支持态度的。立法者们认为：“对于债权是否受本法调整，没有明确作出规定，大多数意见认为第三人侵害债权应当属于侵权责任的范围。本条第二款列举了部分民事权益，最后用了‘等人身、财产权益’，这可以涵盖第三人侵害债权的问题。当然，对于第三人侵害债权的构成要件、责任方式等问题还可以进一步研究。”参见全国人大常委会法制工作委员会民法室编：《中华人民共和国侵权责任法条文说明、立法理由及相关规定》，北京大学出版社 2010 年版，第 8 页；王胜明主编：《中华人民共和国侵权责任法条文解释与立法背景》，人民法院出版社 2010 年版，第 21 页。

济,但是私法体系中的精神内核仍然要固守,即对合同债权的救济仍然要尽量由合同法来进行。这种倾向性不仅要体现在数量上(对合同债权的保护绝大多数由合同法完成),还要体现在救济的次序上,(先由合同法救济),在合同不能充分救济时,才由侵权法进行救济。因此,侵权法的介入应有充足的理由,且必须保持最大限度的克制。

2. 从私法自治、市场理性角度来看

就引诱违约而言,虽然其在道德评价上具有负面色彩,且在当前加强保护债权的实践要求下有予以规制的迫切需要,但这不等于侵权法可以跳脱商事惯例所蕴含的市场理性,撇开社会遵循的自治理念,率性地对第三人引诱违约行为的自由予以完全剥夺。事实上,在一定条件下,它仍有存在的合理基础。

首先,引诱违约的具体表现形态从诽谤、欺诈到利诱、规劝,再到单纯优势展示呈现出极大的差异性,相应的其可规制性也不一而足。在市场经济,针对债务人为劝告、展示交易优势、开出更好交易条件等比较常见且相对缓和的"引诱行为"是商事竞争者惯用的竞争方式,而且在某种程度上也是市场竞争理性的外在展现。就民事主体一般的价值判断而言,这些行为虽然有失厚道,但在激烈的竞争体制中,其在法律情感上却不具有明显的可归责性。如果对其进行大范围规制,会与民事主体的行为预期相悖,且在情感上也难以接受。"社会并不承认那些失意的竞争者免除此类痛苦的权利,无论是法律的还是道德的权利,而且,只有在所使用的获得成功的手段背离了普遍利益所容许的方法时,社会才感到有责任予以干涉”。[①]

其次,私法领域强调意思自治,法律关系尽量由当事人依自己意志自由创立,法律并不能代替当事人作出选择。引诱违约虽然也对债权之圆满实现造成阻碍,因而成为一种侵害债权行为类型之一种,但同直接危害债务人人身、财产的侵害债权类型相比,它具有明显的特殊性。在该种侵害债权类型,债权人之债权能否实现最终取决于债务人的自由选择,是债务人自主意思的体现。法律即使可以借由某种正当理由来强制干预民事主体的自由意思,但这种干预也应当保持十足的克制。

3. 从利益平衡角度来看

侵权法的本质在于权衡第三人行为自由和权利人利益保护之间的关系,并根据社会实践需求在两者之间进行调节。[②] 对引诱违约进行侵权法规制首先是为第三人行为自由和债权人利益之间的冲突,提供一个合理的平衡点。在第三人侵害债权理论兴起之前,囿于债的相对性,债权人并不能对债之外第三人提出何种要求,即使第三人引诱债务人违约进而侵害债权,也属于其行为自由范畴,并不会对债权人承担何种责任。近代以来,随着债权在财产权中的地位日益擢升以及人们公平观念的持续演进,这种过度强调第三人行为自由而漠视债权人利益的法律调整方式在实践和观念上都有利益失衡之嫌,而显得越来越不合时宜。侵权法规制引诱违约行为就是应这一趋势,通过限制第三人在债权领域的行为自由,矫正倾斜的利益天平,但限制到何种程度以及如何限制却是一项与权益衡量息息相关的精妙技术。如果尺度

---

① 参见[英]密尔:《论自由》,顾肃译,译林出版社2012年版,第100页。

② 参见王泽鉴:《侵权行为》,北京大学出版社2009年版,第7页。

有失或者方式不当，难保不会顾此失彼，有碍各方利益的合理安排。

从法理上来检视，“引诱行为”虽然都因产生一定的利益侵害进而招致负面评价乃至法律上对该种行为自由的限制，但在公法和私法领域却有明显不同。从实体法上来看，在法律层面上，我国立法机构提及“引诱”一词共有 28 次，除《中华人民共和国保险法》（以下简称《保险法》）具有私法性质外，其余如《中华人民共和国治安管理处罚法》《中华人民共和国刑事诉讼法》《中华人民共和国反间谍法》等法律皆属于公法领域。具体条文如《中华人民共和国治安管理处罚法》第 67 条规定“引诱、容留、介绍他人卖淫的，处……”《中华人民共和国刑事诉讼法》第 42 条规定“……不得威胁、引诱证人作伪证……”综合理解这些条文，可以看出在具有公法性质的法律中，引诱行为是被普遍规制的。出现这种普遍规制的设置，是因为这些法条所保护的法益或多或少体现出人权的某些因素，即使是普通的引诱行为，也会造成法益的严重损害，即几乎所有的引诱都会带来严重的损害后果。而在私法尤其是商事领域，引诱行为能侵害到的法益通常只是财产利益或者能用财产替换的利益，其保护水平并不像人权利益要求得那样高，所以对其保护也无必要像公法领域那样通过对引诱行为的广泛规制来实现，相应的也无必要完全牺牲第三人应有的行为自由。对自由无必要的限制就是一种不正义，所以，私法领域对引诱行为自由的限制应当严格控制，《保险法》中的规定就是一个值得推崇的实例。作为唯一一部提及“引诱行为”的私法，该法在第 131 条规定：保险代理人、保险经纪人及其从业人员在办理保险业务活动中不得有下列行为……（5）利用行政权力、职务或者职业便利以及其他不正当手段强迫、引诱或者限制投保人订立保险合同。其在引诱之前添置公法中未曾出现的“不正当手段”这一限定条件,显然是想通过区分机制来控制法条的适用范围,从而不对民事主体的自由过分剥夺。这种立法设计所体现出的对剥夺自由的谦抑和慎重态度,值得同属私法领域的侵权法借鉴。

此外,在引诱违约中,要处理的并不只有第三人和债权人两方主体,债务人也是在利益调整中需要考虑的主体。侵权法介入债权保护领域的原始动因之一,是为债权提供更为强有力的保护方式,但实现单方面权利的保护却不是侵权法的终极目的。“法律制度实质上就是最为稳定的一种利益平衡机制。侵权责任法也正是这样一种利益平衡机制,它对发生在平等主体之间的各种相关利益冲突进行调整,以实现对相关主体之间人身关系和财产关系的调整”。[①] 在规制引诱违约中,如果贸然让第三人承担侵权责任,很容易出现债权人、债务人、第三人之间的利益失衡。“因第三人侵害债权承担赔偿责任之后,而免除债务人的违约责任,则债务人得到不当利益;如果债务人在债权人接受第三人赔偿后继续履行债务,又会使债权人得到不当利益”。[②] 因此,侵权法虽然是救济债权的一件利器,但要合理地践行自己的法律价值,达致各方利益平衡的局面,其在规制引诱违约行为时仍然要持一种慎重、谦抑的态度。

(二)外部功用性视角

在商事领域效益价值优于其他价值,法律制度的设计也往往渗透着这种外部功用价值倾向。引诱违约多发于商事领域,对其

① 张新宝:《侵权责任立法的利益衡量》,载《中国法学》2009 年第 4 期。
② 王菁:《浅析第三人侵害债权的理论基础》,载《法学家》2002 年第 3 期。

的规制自然不能忽视这一功用考量。根据经济学的一般原理,借助市场这只无形的手,资源才能最有效率地完成其优化配置,经济运行也才能实现其最大效益。而市场作用的发挥离不开充分、自由的竞争,所以但凡实行市场经济的国家无不大力营造融洽的制度环境,引导、鼓励竞争的充分展开。引诱违约是商事经营者在实践中惯用的竞争手段,且鉴于其表现形式的多样性及由此带来的可规制性的差异,侵权法实不宜对其采取宽泛限制的处理方式,进而损害自由竞争所带来的效率价值。"效率违约理论"在英美法系的兴起和向其他法系的扩张①就是一个实例。

所谓效率违约,按照波斯纳的经典定义:"在有些情况下,一方当事人会因违约获得的利益将超出其履约的预期利益而产生违约冲动。如果他的违约收益也将超过对方当事人履约的预期收益,并且损害赔偿以预期利益的损失为限,那么就存在促使其违约的刺激,而且其应该违约。"②在该理论产生之前,引诱违约在英美普遍被视作一种侵权行为,第三人需要对干涉他人合同的行为承担责任,但这种处理方式过于注重保护债权人的利益,在阻止了无效率违约的同时也阻碍了有效率的违约,降低了经济运行效率,因而招致了法学界的广泛批评,③例如,有英美学者指出:"干涉行为很大部分应当废除,或者至少应当予以限制以免对合理竞争造成干扰。"④故而法官们尝试承认某些引诱违约的合法

① 参见唐清利:《效率违约——从生活规则到精神理念的嬗变》,载《法商研究》2008 年第 2 期。

② Richard A. Posner, *Economic Analysis of Law*, Little, Brown and Company, 1992, p. 119.

③ 参见[美]丹·B. 多布斯:《侵权法》(下册),马静等译,中国政法大学出版社 2014 年版,第 1085 页。

④ Gary Myers, "The Differing Treatment of Efficient and Competition in Antitrust and Tortious Interference Law", 77 *MINN. L. REV*, 1993, p. 1097.

性，来避免原有制度的脆弱性。可以说，效率违约理论“在起点上是对引诱违约侵权理论的扬弃”。[①] 现下效率违约理论已然成为经济分析法学的核心主张，亦是美国当代合同领域中最重要的学说，且被司法判例所接受。[②] 我国目前虽然因合同违约救济制度与美国存有差异[③]而不宜全盘引入效率违约理论，但该理论所蕴含的效率指向的理念，却值得我国民商事领域立法借鉴。侵权法在规制引诱违约时应当最大限度地促进效率的实现。相应地，对系属竞争范围内的引诱违约行为的限制也应当尽量收窄。

（三）比较法视角

综上，无论从内在合理性还是从外部功用性视角，均能得出侵权法于引诱违约的规制应受合理约束、保持足够抑制的相同结论。并且在实践中，这也是两大法系各主要法域的普遍做法。在英国，司法机关通过判例创建的正当性抗辩制度逐渐限缩侵权法的适用范围，并借由申明违约责任和妨碍合同责任之间的补充关系，强调侵权法让位于合同法在后救济的次序顺位。例如，在英国2007年5月审结的“OBG有限公司诉艾伦案”（OBG Limited v. Allan）中，上议院就明确指出“对未违约方的救济首先是违约责任，只有在违约责任不足以补偿或救济损害时才适用侵权责任作为替代或补充”。[④] 这些司法判例，都体现出了限制侵权法救济

① 唐清利：《效率违约——从生活规则到精神理念的嬗变》，载《法商研究》2008年第2期。

② See Richard A. Lord, *Willistonon Contracts*（4thed.），Thomason West，2006，pp. 64－78.

③ 我国将实际履行作为首要救济方式，当事人并不具有选择违约与否的自由，只要实际履行可以实现，债务人不能以损害赔偿代替实际履行。这使效率违约在我国难以适用。而美国将损害赔偿作为合同的基本救济方式，除少数需特定履行的合同外，债务人可以选择违约并进行损害赔偿来代替实际履行，当违约具有效率时，债务人具有效率违约的选择权。参见霍政欣：《效率违约的比较法研究》，载《比较法研究》2011年第1期。

④ 胡雪梅：《英国侵权法》，中国政法大学出版社2008年版，第322页。

债权的倾向。在美国,法院在证明责任配置上,由要求第三人证明其干涉行为合法[①]到要求原告首先证明被告的干涉行为不当或非法[②]的转变,减小了第三人承担侵权责任的可能,而且于司法裁判中发展起来的一系列的免责制度[③],也对第三人干涉合同的侵权责任施加了合理的限制。前文提到的盛行于英美法系的效率违约制度,对引诱违约理论的阻抑作用自不待言。在大陆法系,德国、瑞士、中国台湾地区等法域相关规定中的"悖俗条款"[④]在引出第三人侵害债权制度的同时,也为该制度设置了一个虽然模糊但相对合理的限制界限。且在各法域的审判实践中,对侵害债权制度的适用,法院始终都是抱着十分谨慎的态度,除非十分必要,一般并不会轻易施加给第三人以侵权责任。

三、检视与反思:当前学界态度及学者建议稿是否脱离理性倾向

(一)学界对该议题的研究概况

采用侵权法规制引诱违约行为,是第三人侵害债权制度的一

---

① Alyeska Pipeline Serv. Co. v. Aurora Air Serv., Inc., 604 P. 2d 1090(Alaska 1979)。参见[美]丹·B. 多布斯:《侵权法》(下册),马静等译,中国政法大学出版社 2014 年版,第 1086 页。

② Wagensellers v. Scottsdale Mem. Hosp., 147 Ariz 370, 710 P. 2d 1025(1985); Mason v. Wal-Mart Stores, Inc., 333 Ark. 3, 969 S. W. 2d 160(1998); Penna v. Toyota Motor Sales, U. S. A., Inc., 11 Cal. 4th 376, 902 P. 2d 740, 45 Cal. Rptr. 2d. 436(1995)。参见[美]丹·B. 多布斯:《侵权法》(下册),马静等译,中国政法大学出版社 2014 年版,第 1087 页。

③ 如第三人干涉合同是出于某种公共利益,可以免责,这在《侵权法重述(二)》第 774 条有明确规定,司法案例如"布里马洛诉卡森案"(Brimelow v. Casson)。参见[美]小詹姆斯·A. 亨德森、[美]理查德 N. 皮尔森等:《美国侵权法——实体与程序》,王竹等译,北京大学出版社 2014 年版,第 822 页。此外,如果第三人是出于职责需要或者维护其他合理利益的要求干涉合同,也可免责。

④ 《德国民法典》第 826 条规定,故意以违背善良风俗加害于他人者,应负损害赔偿责任;《瑞士债务法》第 41 条第 2 款规定,故意悖俗造成损害结果之行为,等同于违法致人损害结果之行为。中国台湾地区"民法典"第 184 条第 1 项后段规定,故意以背于善良风俗之方法,加损害于他人者,应负赔偿责任。此外,《奥地利民法典》第 826 条、《希腊民法典》第 919 条亦均为悖俗条款。

个组成部分,我国学界对它的研究也近乎始终是在侵害债权制度的大主题下附带进行的,缺乏对此种侵害债权形式的专门研究。[①] 20世纪末,主张建立第三人侵害债权制度的观点渐成主流,引诱违约亦被裹挟其中被呼吁成为侵权法调整之部分。在笔者观澜到的研究第三人侵害债权的文章中,多数都谈到了引诱违约问题,但大都只将其作为一种侵害债权类型进行了简单的介绍,篇幅较小,且没有进行深入分析。不过,与研究的贫瘠形成鲜明对比的是对"引诱违约"概念使用的混乱。大致说来,不同学者的文章中对该概念的使用按其包含行为类型的多寡程度可以粗分为三类。广义说,[②]把包括胁迫、欺诈在内的非典型的引诱行为均纳入引诱违约概念之中;狭义说,[③]仅将利诱、劝告、侮辱、诽谤等典型行为形态认定为引诱行为;适中说,[④]在狭义说所覆盖的行为类型的基础上将胁迫排除在引诱概念之外但却涵盖欺诈。[⑤] 在引诱违约规制制度的其他方面,诸如构成要件、免责事由等方面,学界的观点趋向一致,此处先行带过,后文相关部分再作分析。

(二)对学界态度及各版学者建议稿的检视

总体来说,我国学界对引诱违约适用侵权法规制这一新制度的引入并未完全秉持应有的理性态度。详述如下。

---

① 在知网上进行检索,侵害债权的文章数以千计,但专门研究引诱违约的文章却寥寥无几。

② 参见刘建红:《引诱违约及其法律责任初探》,载《现代法学》1998年第5期。

③ 参见周一平:《诱使他人违约及其法律规制》,载《甘肃政法学院学报》2005年第1期。

④ 参见王正苍:《论诱使违约的构成要件》,载《政法学刊》2003年第4期。

⑤ 笔者认为,"欺诈"与"胁迫"在法律中是相对比较独立的概念,且将其纳入引诱之内也偏离于社会大众的对该词汇的一般理解,因此,狭义说似乎更可取。而且从分析法学的角度来看,引诱违约当属为描述有效性事实(operative fact)的概念,指向法律关系的建构,胁迫、欺诈与典型的引诱行为相比所导致的法律关系的变动显然存有差异。故而为正确发挥法律概念的引致作用,也不应将胁迫、欺诈纳入引诱中。参见王涌:《私权的建构》,中国政法大学民商法学专业1999年博士学位论文,第69页。

1. 制度建构主张未合理限制新制度的适用范围

其一,未建立科学的引诱违约区分机制。虽然我国学者也大都主张对引诱违约行为不应一体规制,但由于思维方法和表述方式的差异,学者们事实上形成了对"引诱违约"一词两种不同的使用方式。第一种是在一般意义上使用"引诱违约"这一表述,[①]也即仅将"引诱"作为一种事实描述用语,不添加或者较少添加价值判断的因素。在这种使用方式下,第三人对债务人所有的诱惑行为,无论是在可非难性上比较暧昧的出高价竞争,还是明显违背法律和道德风尚的诽谤、商业贿赂都被统一包含在"引诱"的范围内。第二种是在特殊意义上使用"引诱违约"的概念,[②]对这一词汇的使用本身就已经包含了强烈的价值考量。依此种使用方式,那些不具有明显可非难性的诱惑行为,并不在"引诱"行为所指称的范围内,使用人自己在使用这一概念时已经预先进行了价值评判和筛选。在这两种不同的使用方式中,对引诱行为可非难性判定的展开,演化出两种不同的路径,并由此衍生出两种法条设计模式。对前者而言,由于其是在一般意义上使用了"引诱"的概念,所以必须在外部设置一般标准来完成非难性的判定。体现在立法上,就是在法条设计中用"违背善良风俗""非法""不正当"等标准来判定引诱违约行为的可非难性,进而对第三人侵害债权制度的规制范围进行限制。而后者由于其在使用"引诱"概念时,已经进行过价值考量,所以无须再借助外部标准进行非难性判

① 采用此种用法的有王泽鉴先生、王利明教授等学者。参见王泽鉴:《侵权行为》,北京大学出版社 2009 年版,第 174 页;王利明:《违约责任论》(修订版),中国政法大学出版社 2003 年版,第 731 页、第 751 页。

② 采用这种用法的有杨立新教授、王建源教授等学者。参见杨立新:《侵权法论》,人民法院出版社 2004 年版,第 350 页;王建源:《论侵害债权制度》,载《法律科学》1993 年第 4 期。

断，因而其在法条设计中通常直接将“引诱违约”行为作为一类规制对象，不再使用其他限定语。虽然两种法条设计模式都对第三人的诱惑行为的可非难性进行了考量，并希冀由此防止对引诱行为不作区分一体化处理所可能带来的对市场竞争的妨碍和第三人行为自由的过分限制，但两者在立法倾向上却呈现出极大差异。前者在引诱违约行为之前加上明确的负面限定词，能够表明法律对第三人的诱惑行为原则上不应限制，这体现了一种限制制度使用的倾向。在后者，其对第三人诱惑行为的可非难性的界定则是不公开的、隐秘的，内含在概念中。由于其概念的含义窄于社会大众对其的一般理解，很容易造成立法误导，进而导致对引诱违约规制的宽泛化。社科院版《民法典草案建议稿》中的相关规定，即容易陷入这一窠臼。该草案第1645条[①]规定：第三人以引诱、胁迫、欺诈等方式使合同一方当事人违反合同的，合同对方当事人有权请求该第三人赔偿损失。其径直使用了“引诱”一词而没有在之前添加限定成分。对此有两种解释，一是该草案按普通含义使用“引诱”一词，对所有引诱违约行为统统予以规制；二是该草案并不是在一般意义上使用“引诱”一词，而是如上文所述在特殊意义上使用该词汇，事先已经进行了价值判断，剔除了那些不应予以规制的引诱违约行为。如果采第一种解释，则无疑默认所有引诱违约行为都具有可非难性，此种处理方式显然不可取。而且，一般的引诱行为在对社会道德风尚的反叛上显然没有“引诱”“欺诈”严重，法案如果将普通的引诱行为与“欺诈”“胁迫”行为并列规定，在逻辑上也难以说通。如果采第二种解释，则

① 参见梁慧星主编：《中国民法典草案建议稿附理由（侵权行为编）》，法律出版社2013年版，第80页。

该草案规制的引诱违约行为实际上只包括那些经由立法者内心价值判断认定为具有可非难性的引诱行为，此时再将其同“欺诈”“胁迫”并列，立法逻辑上便可以理通。但正如笔者在上文对两种法条设计模式进行比较分析时所指出的那样，这种立法模式却因会导致对引诱违约规制的宽泛化而失之于完美。

第一种使用方式有其优势，但这并不意味着采用这种方式就找到了对引诱违约的合理区分机制。因为不管是“善良风俗”还是“非法”，抑或是“不正当”，都仍然十分模糊，难以为司法和民事主体提供明确的区分标准进而发挥指示作用。在立法指示暧昧不明的情况下，宽泛化仍然难以防止。

其二，欠缺周延可行的免责条款。学界现有的研究第三人侵害债权的文献中关于免责条款的探讨十分欠缺，多数文章根本未提及免责事项；即使有少量文章考虑到了免责条款的设置，也多半局限于固化的陈说，未注意到英美法系演化所带来的免责情形的增加及对干涉合同侵权限制的加强。我国学者惯常提到的免责理由包括正当竞争、履行职责、合同可以随时终止。[①] 就正当竞争而言，这看似一个强有力的免责理由，但因流于空泛而难以采用。谈及该免责事由的文章中，要么根本未对何为正当竞争提供说明，要么仅以公平、诚实信用原则作为判断标准。如此该免责事由的功能大可以为前一部分所述引诱违约的区分机制所涵盖。履行职责、合同可以随时终止的免责条款确能起到对第三人责任合理限缩的作用，但囿于其对应情形在现实中不多，因而其对引诱违约理论的抑制作用并不周延。与我国形成鲜明对比的是，美

① 参见王利明：《民商法研究》（第3辑），法律出版社2014年版，第581～583页。

国侵权除申明上述两种免责事由之外，还确立了言论自由、维护社会利益等更多样的免责事由。就言论自由而言，“只要言论不虚假、不包含任何强制性胁迫，也不侵犯任何信托义务，那么在类似‘拉姆利案’的这类案件中，要求他人对自己的言论承担责任可能构成对宪法上言论自由权的侵犯”。① 此外，美国还将第三人的行为动机和理由作为影响其责任承担与否的潜在免责事项，②免责体系的搭建明显更完善、周延。

更为遗憾的是，即使是我国当下残缺不全的免责理论，在学者们推出的各版民法典草案建议稿中也没有得以充分体现。在梁慧星教授和王利明教授分别领衔起草的民法典草案中，均没有针对侵害债权行为专门的免责规定，一般性的免责规定也无法容纳上述免责事项。在徐国栋教授起草的《绿色民法典草案》中，虽然在“侵权编”总则中的免责事由一节中有“履行法定职责或其他合法原因”③的规定，可以明确涵盖第三人履行职责的行为，其他免责事项也可以经由解释“其他合法原因”获得承认，但对于债权这样一种于侵权法而言十分陌生的权利类型，这种模糊的处理方式缺乏实践上的指示意义，难以消除制度引入后的可能引起的误解和迷茫，也不能有效避免在引诱违约规制过程中出现的宽泛化倾向。

2. 未对新制度引入后侵权法和合同法的衔接作出合理安排

将侵权法介入债权法保护领域对引诱违约行为进行规制，不

① David A. Anderson, “Torts, Speech, and Contracts”, 75 *TEX. L. REV*, 1997, p. 1499.

② 参见[美]丹·B. 多布斯：《侵权法》（下册），马静等译，中国政法大学出版社 2014 年版，第 1094 页。

③ 参见徐国栋：《绿色民法典草案》，社会科学文献出版社 2004 年版，第 709 页。

可避免地会带来这样一个问题，在债权的保护上，这种新设立的侵权法上的救济方式和传统的合同法救济方式两者之间将以什么样的关系共处，这两者之间又该通过何种方式来相互衔接。学界关于侵害债权制度的既有研究成果大多没有论及这一议题，少数文章虽然正确地指出了合同法与侵权法之间优先—辅助的救济次序关系，却没有对两者的衔接在制度建构中作出合理安排。而且，无论在王利明教授、梁慧星教授还是徐国栋教授给出的学者建议稿中，也都没有针对这一衔接关系的条文。

就对引诱违约的规制而言，学者多主张债务人和第三人之间承担不真正连带债务。债权人可以在第三人侵权责任和债务人违约责任之间进行选择。这种责任设置十分贴合于我们的情感直觉，但如果站在理性的视角来审视、推索，就会发现其并非十分合理。债权人责任选择的本质就是将合同法与侵权法不分先后视为同一顺位，这明显背离民法体系强调合同法对债权保护具有优先地位的精神内核，必然造成侵权法向合同法的过分扩张，有损于民法体系的内在和谐。而且从结果主义立场出发，这种择一追责的方式对债权人利益的保护也颇不利。因为无论是单个的债务人还是第三人都有可能出现赔偿能力不足的情形，此时债权人将陷入无论如何选择都无法获得完全赔偿的窘境。

四、回归与展望：对《民法典》中该制度建构的建议

经由前文的分析，易知侵权法在引诱违约规制问题上的理性倾向是保持充足的谦抑品性。这种谦抑性体现在两个方面：一是侵权法对引诱违约行为的规制应限定在合理范围内，避免侵权责任的宽泛化，防止对第三人行为自由的不合理限制以及经济运行效率的损害；二是侵权法在规制引诱违约行为，为债权人提供救

济时应遵循既有民法体系的精神内核，尊重合同法在先救济的顺位关系，除非合同法救济不能，否则不介入债权救济。笔者认为，要在《民法典》的制度建构中践行这种理性态度，除了应按照学者们惯常主张的严格侵权构成要件[①]之外，还应从以下几个方面来合理把控。

（一）设立科学的引诱违约行为区分机制

1．"违背善良风俗""非法""不正当"各种标准如何取舍

在引诱违约可非难性的区分上，典型的有"违背善良风俗""非法""不正当"，抑或后两者相互结合四种标准。这四者在直观感觉上似乎并无大的差别，我国未来民法典相关条款的制定究竟选择何者最适宜？笔者认为，应以"违背善良风俗"为先。首先，通过悖俗条款为债权人提供侵权法救济，乃是大陆法系尤其是继受德国民法的国家构建侵害债权制度通行的做法，我国民法体系大同于德国法系，以违背善良风俗为标准具有法文化土壤和制度基础。其次，"非法"一词口号式宣传的意味较浓，并非严格的法律用语，且其在规范效果上与新制度的最初引入时的期望有较大差距。此处所述"非法"如果指违反侵权法规制引诱违约行为的新设条文，则在逻辑上自我论证，事实上等于无标准可言。如果"非法"是指规制引诱违约条文之外的其他条文，则已如上述，引诱违约规制制度设立之前，除侮辱、诽谤等少量显然具有违法性

① 学界在控制侵害债权制度的适用范围问题上多主张通过在主观构成要件上施加更高要求来实现，一般认为第三人构成侵害债权在主观上应具有"故意"，但至于是否要求第三人具有侵害债权的目的，学者们的观点并不一致。这一点同一般的侵权行为的构成要件迥然相异，普通的侵权行为在主观要件上不会设置"故意"这么高的标准要求，这是因为，债权不具有"典型的社会公开性"，第三人难以知晓，如果让第三人对其不知晓的侵害债权行为负责，对第三人有失公平。参见王泽鉴：《侵权行为》，北京大学出版社2009年版，第173页。

的引诱行为之外,在民事领域属于民事主体的当然自由,并不非法。如此按照这一标准,许多按制度创设之初本意欲予以追责的引诱行为将得不到规制,新制度的功能将大打折扣。再次,“不正当”本身难以作为一个独立的标准,在判断何种行为不正当时,往往仍然要求有助于随社会价值观念不断嬗变的善良风俗。与其如此,何不如直接以善良风俗作为判断依据。最后,“非法”“不正当”相结合的复合标准,虽然能避免单纯“非法”标准导致的制度功能缺失的弊端,但一则表述过于繁复,二则“不正当”标准之适用仍需借助善良风俗之评判,而善良风俗标准不仅简洁且能够完全涵盖复合标准的调整范围,明显属于更优选择。

2. 明确善良风俗评判时应当考量的因素

然而善良风俗仍然是一个十分抽象、模糊的概念,法官审理具体案件时要考虑哪些因素,如何考虑这些因素并没有相对统一的标准,一应事项均付诸法官的自由裁量权,如此不仅易产生同案不同判的乱象,于新制度适用范围的控制也造成极大阻碍。笔者认为,可以通过明确列举善良风俗评判时的考量要素,为法官的思考次序和范围提供一个相对清晰的指引,同时也对自由裁量权施加粗略的限制。至于列举哪些因素可以借鉴《美国侵权法重述》(第2版)中的规定,其中,第767条规定了判定干涉合同行为是否不当的7种考量因素:(1)行为人行为的性质;(2)行为人的动机;(3)行为人行为所干扰的该他人的利益;(4)行为人寻求推进的利益;(5)关于保护行为人行为自由与保护该他人合同利益的社会利益;(6)行为人行为与干扰之间的远近关系;(7)当事人之间的关系。

3. 对典型情况进行类型化列示

典型情况的类型化列示可以为法官提供明确的司法指示,是善良风俗标准模糊性的另一有效应对方式,当然这一工作的完成需要大量的司法案例作为基础。但由于我国司法实践长期以来严守合同的相对性,实务中出现的引诱违约案例数量还十分有限,[①]希冀通过我国目前的审判案例进行系统的类型化归纳恐怕一时难以实现。当前我们对此的正确处理方式是:第一,从比较法角度归纳国外和其他地区的有关判例,为我国此类案件典型情况的类型化列示提供借鉴。例如,对以承诺补偿债务人违约损失的方式为引诱行为的,英美法系普遍认为构成妨碍合同侵权,这些基于判例发展起来的类型化处理方式可以为我国借鉴;第二,最高审判机关及时总结未来新法条适用后的有关案例,归纳出若干典型情况及其处理方式,并通过司法解释的形式颁布给审判机关。

(二)制定宽松可行的免责条款

科学的免责条款亦可以有效控制引诱违约侵权责任的任意扩张。当前,我国学界提出的免责事由限于正当竞争、履行职责、合同可任意解除等事由,没有注意到言论自由、社会公益等事由可能带来的免责效力,且欠缺一般性兜底规定,不利于新的免责事由的引入。未来我国在制定免责条款时应对这些问题予以合理规避。此外,免责条款的设定应独立设立在侵害债权条文之后,而不是笼统地为“侵权编”中的一般免责条款所暗示。因为这种分开、抽象的法条表述方式不利于民众对侵害债权制度的完整

① 笔者在北大法宝、裁判文书网中仅检索到两个引诱违约的案例:(2012)厦民终字第2758号;(2007)沪高民三(知)终字第105号。

理解,而且侵权法救济债权属于民法体系中的新事项。对于这种陌生的新制度,实践更需要清晰的指示来避免混淆、迷茫所带来的制度不当适用。所以未来免责条款的合理设置应在侵害债权条文之后规定:属履行职责、任意合同、言论自由、为公共利益或有其他合法动机或目的的,侵害人可以免责。

(三)进行补充责任设置

如前所述,学界在引诱违约行为规制中主张的不真正连带责任,因不能处理好合同法和侵权法之间的衔接关系而不宜采用,那么何种责任设置才能完成这一任务呢?笔者认为,强调责任顺位性的补充责任最适宜。即在引诱违约的情形下,若合同法不能为债权提供充分救济而适用侵权法追究第三人侵权责任时,第三人要对赔偿限额之内债务人不能赔偿的部分承担补充赔偿责任。

这种责任设置最能反映合同法和侵权法之间的优先—辅助顺位关系,既使侵权法顺利地介入债权救济领域,又不对合同法的适用空间造成过度挤压,在民法体系更新变动的同时又最大限度地维系了体系上的和谐。而且侵权法对债权第二顺位的补充救济方式与其传统上对绝对权救济所采的直接救济方式有明显差异,这不仅为作为相对权的债权保留独特的印记,维持其和绝对权之间的区别,也可以消除因侵权法规制引诱违约行为所带来的合同相对性不复存在的误解,有利于民事主体理顺两者的适用关系,形成这样一种内心确信——即使侵权法介入债权救济,违约责任仍是第一位、主要的救济方式;只有当违约救济不能时,才有求助于侵权法的可能。

补充责任的设置,除了能很好地实现合同法和侵权法之间的衔接之外,还具有以下意义:其一,有利于民法体系整体社会效果的发挥。违约责任长久以来是保护合同债权的主要手段。它是针对债权设计的，经过长期的发展完善，在救济债权时能够最好地兼顾各方利益，也最能够恰当地实现法律对债权进行救济背后的立法意图。而侵权责任则是针对绝对权来设立的，因此其构成要件和责任承担方式都是围绕绝对权的特点来构建的，并没有体现债权保护的特殊需要。即使在侵害债权制度中对其构成要件和责任承担方式进行重构，它在债权保护上也仍然是一个全新的制度，诚然其在权利保护上比违约责任更有力，却远远没有违约责任更系统和成熟。而且其也难以实现违约责任背后所蕴含的复杂的立法考量，如对私法自治理念的张扬。因此，由债务人承担违约责任在先救济，第三人承担侵权责任在后补充，更有利于法律各种功能效用的总体发挥。其二，补充责任更有利于债权人利益的保护，补充责任可以将第三人和债务人的责任财产组合起来，为债权人救济的实现提供双重保障，从而避免不真正连带责任中可能出现的第三人和债务人单独赔偿能力均不足的不利局面。

五、总结

"新的社会现象中每天都增加新的形态，即使是完全地、合乎逻辑地解释了民法的规定，其适用的结果，有很多仍是背离了我们的伦理观念"，[①]由此产生立法对既有法律制度因时调整、革新的需要，但新制度的引入和建构必须秉持理性的态度倾向。在对引诱违约的规制问题上，无论从内在合理性、外部功用性哪一价值维度来分析，均能得出侵权法应保持充足的谦抑性这一相同结论。不过遗憾的是，目前学者们提出的民法典草案中并未充分体

① ［日］我妻荣：《债权在近代法中的优越地位》，王书江、张雷译，中国大百科全书出版社1999年版，第346页。

现这一理性态度，这容易导致在这一议题上侵权责任适用的宽泛化。为了消解这种可能的危险，未来在《民法典》制定过程中，除了应在主观要件、因果关系上进一步严格构成要件之外，尚需通过三个方面的努力来贯彻对侵权法的克制要求：一是以善良风俗标准建立引诱违约的区分机制，并进一步通过明确考量因素、类型化列示的方式加强该区分机制的可操作性；二是制定宽松可行的免责条款直接限制侵权法的适用范围；三是通过合理的责任设置处理好合同法和侵权法的衔接关系，防止侵权法对合同法的过度挤压。总之，采用侵权法规制引诱违约行为在我国尚属新生事物，唯有秉持理性立场，才能在加强债权人利益保护、维护市场伦理底线的同时，不至于对私法体系、理念以及市场理性和各方主体的利益平衡关系产生严重冲击，才能实现民事领域法律调整所追寻的效益价值。

The Regulation of Tort Law in Luring Breach of Contract

—Rational Position and its Institutional Design in the Civil Code

Gong Dongliang

Abstract: The inducement of breach of contract is an important form of infringement in civil and commercial field. The regulation of Tort Law's intervention comes from the double consideration of strengthening the protection of creditor's rights and maintaining the bottom line of market ethic. From the internal rationality or external functional point of view, the Tort Law to induce the breach of contract regulation should maintain modesty. China's academia has not yet fully aware of this, the draft versions of the Civil Code of the provisions of the set also omissions this kind of provisions. This rational position should be practiced in the process of institution building through the differentiation mechanism of inducement of default, the feasible exemption clause and the responsibility setting which can ensure the proper connection between Tort Law and Contract Law.

Keywords: luring breach of contract; regulation of tort law; rational position; civil code

中美反恐立法比较研究

袁玉进*

摘　要:“9·11 事件”后,美国加快国内反恐立法,制定了一系列反恐法案,同时参与国际反恐公约,建立完整的反恐立法体系。同时期,我国在立法层面上,制定了《反恐怖主义法》等多部法律,多次修正《刑法》,并积极加入反恐公约。通过对比中美反恐立法的差异,本文提出通过加强国内反恐立法、完善现有立法内容、平衡国家安全利益与个人权利等途径,构建我国反恐立法体系。

关键词:反恐立法;《爱国者法案》;《自由法案》;人权保障

一、引言

“9·11 事件”发生后,美国加快国内反恐立法进程,制定了

* 西南政法大学国际法学院国际法学 2015 级硕士研究生。

西南政法大学 2016 年度科研创新计划“中美反恐立法现状比较研究”(2016XZXS－190)。

一系列反恐法案,[①]并在2015年通过《自由法案》(Freedom Act),[②]以取代此前一直遭受争议的《爱国者法案》(Patriot Act)。美国反恐立法体系包括反恐专门法案、《美国法典》、反恐公约以及其他相关规范性法律文件。

现阶段,我国面临民族分裂势力、暴力恐怖势力和宗教极端势力的威胁。加强反恐立法是我国应对境内外恐怖主义威胁的应然选择。

二、美国反恐怖主义立法体系

(一)《爱国者法案》及两次修正法案

1.《爱国者法案》

作为"美国历史上第一部专门针对恐怖主义的法律",[③]《爱国者法案》扩大了恐怖主义犯罪定义范围,这弱化了执法程序、扩大了执法机构的权限。有美国学者指出,"《爱国者法案》既能阻止另一种攻击,同样也影响每个市民的自由权利"。[④]

2.《爱国者法增补及再授权法》

《爱国者法增补及再授权法》修改了《爱国者法案》有关条款的效力期限,在《爱国者法案》中共有16个条款对1978年的《外国情报监控法》进行了临时性修改。[⑤] 针对这些条款,"《爱国者法

---

① 法案包括《防止恐怖主义利用生物武器法》(2001年)、《爱国者法案》(2001年)、《爱国者法增补及再授权法》(2005年)、《爱国者法附加再授权修正案》(2006年)、《巴勒斯坦反恐怖主义法》(2006年)。

② 《自由法案》全名为《通过履行权利和确保对监管法的有效监督来团结和加强美国的法案》(Uniting and Strengthening America by Fulfilling Rights and Ensuring Effective Discipline over Monitoring Act of 2015),于2015年6月3日(当地时间6月2日)奥巴马总统正式签署后生效。

③ 刘卫东:《〈爱国者法〉及其对美国公民权利的影响》,载《美国研究》2006年第1期。

④ Angela D. Bussone, "Security For Liberty: Ten Years After 9/11, Why Americans Should Care About the Extension of the Patriot Act and its Civil Liberties Implications", *Florida Coastal Law Review Fall*, 2011, p. 2.

⑤ 有效期截至2015年12月31日。

增补及再授权法》将其中第206条[1]和第215条[2]的有效期延长至2009年12月31日,其余14个临时性条款[3]的效力永久化"。[4] 如此,《爱国者法案》中的主要反恐手段将得到保留并继续实施。同时,法案也从立法、司法等方面加强对《爱国者法案》中反恐措施的监督和制约,如对《爱国者法案》第206条、第213条[5]进行修改。

3.《爱国者法附加再授权修正案》

《爱国者法附加再授权修正案》对《爱国者法案》内容的主要修正,包括个人在收到《外国情报监控法》的命令后可以对"不公开该命令之要求"提出异议;个人在收到国家安全信函(national security letter)后可以不公开其律师的姓名;除非提供特别服务或者因为其他目的,图书馆不再提供有线通信或电子通信服务,等等[6]。

(二)《自由法案》

《自由法案》共35个条款,分为8个部分,[7]副标题是"改革联邦政府要求收集详细的商业记录的权力,实施电子监控,并且为收集国外的情报、反恐和打击犯罪等目的而使用记录器、监视和

---

① 第206条为"按照《外国情报监控法》(1978年)改变监督权力"。

② 第215条为"按照《外国情报监控法》获取档案和其他物品"。

③ 14个临时性条款分别为第201条、第202条、第203条(b)、第203条(d)、第204条、第207条、第209条、第212条、第214条、第217条、第218条、第220条、第223条、第225条。

④ 刘涛:《〈2005年美国爱国者法修改及再授权法〉介评》,载《国家检察官学院学报》2008年第2期。

⑤ 第213条为"授权推迟发出搜查证的通知"。

⑥ 参见杨一泽等:《中国反恐法治及国际比较研究》,载《知与行》2016年第2期。

⑦ 包括《外国情报监控法》中商业记录改革、《外国情报监控法》中书写记录器、监视和跟踪装置改革、《外国情报监控法》中获取美国以外目标人物改革、外国情报监控法院之改革、国家安全信函改革、《外国情报监控法》对透明度和报告的要求、国家安全条款的强化、海上航行安全和核恐怖主义公约的实施。

追踪装置以及其他信息收集方式”。《自由法案》的制定目的,既包括对《外国情报监控法》《爱国者法案》中所赋予政府权力的改革,限制执法部门权力的滥用,同时继续完善打击恐怖主义的手段。

关于《自由法案》的通过意义,美国公民自由联盟法律副主管贾米勒·贾弗认为,“《自由法案》是自1978年以来最重要的监控法案改革,它的通过表明美国民众不再愿意给情报监控机构以空白支票”。[①] 相较《爱国者法案》,《自由法案》最大的变化,就是在法案第一部分对《爱国者法案》中第215条修改国家安全局对美国民众电信数据大规模收集的权力,[②]这将在一定程度上限制政府部门收集通信数据权力的滥用。此外在法案第五部分,即NSL改革这部分,法案允许收到国家安全信函的人针对信函上的内容提出挑战,并可以申请法庭复审;法案第六部分要求司法部部长和美国法院行政办公室扩大对国会的年度报告、国家情报总监增加对民众前12个月的信息公开;法案第七部分规定重新修正《爱国者法增补及再授权法》(2005年)以及《情报改革和防范恐怖主义法案》(2004年),并延长有效期至2019年12月15日。

相较《爱国者法案》,《自由法案》已进步,但其依然存在局限性。有学者指出“尽管《自由法案》在透明度方面要求(政府)进

---

① Jeremy Diamond,“NSA surveillance bill passes after weeks-long showdown,” *CNN Politics*, Accessed Jan. 18, 2018, http://edition. cnn. com/2015/06/02/politics/senate-usa-freedom-act-vote-patriot-act-nsa/index. html.

② 《自由法案》规定国家安全局将在6个月内逐步将大规模电话元数据收集项目移交给电信公司,通信数据信息记录内容将由电信公司保存,政府部门如需调查具体组织或个人的电话数据时,只有在获得外国情报监控法庭的批准后,才能向电信公司要求提供相关数据信息。

一步信息公开，但依然有许多工作去做”；[①]“《自由法案》所终结的，仅仅是《爱国者法案》中赋予国家安全部门对于普通公民通信予以监控的特殊权利，而非监听活动本身……同时这一法案很难完全束缚美国国安局的监控能力”。[②] 此外，法案适用范围只包括美国国内，美国在全球范围内大规模数据收集和监听行为并不受《自由法案》的约束，因此有评论认为，“《自由法案》象征意义远大于实际作用”。[③]

（三）美国其他国内反恐法案

美国在1978年通过《外国情报监控法》，该法案针对美国境内的外国势力及其工作人员的情报收集工作作出规定；1994年通过《美国司法强制性通信协助法案》，该法案规定了在司法授权的情况下可实施任何类型的电子监控行为；1999年通过的《情报授权法》则“扩大了联邦特工在法庭授权下使用窃听器的权力”；[④] 2002年通过《联邦信息安全管理法案》，“该法案主要涉及计算机安全标准的制定、颁布和执行监督”。[⑤] 这些法案作为美国反恐立法的组成部分，对美国国内反恐起到积极作用。

（四）美国加入的国际反恐条约

伴随恐怖主义全球化趋势以及“9·11事件”的发生，美国加入国际反恐公约的脚步加快。除参与联合国或其他国际组织制

---

① Peter Margulies, "Reauthorizing the FISA Amendments Act: A Blueprint for Enhancing Privacy Protections and Preserving Foreign Intelligence Capabilities", *Journal of Business & Technology Law*, 2016, p. 8.

② 沈臻懿：《〈自由法案〉的自由与不自由》，载《检察风云》2015年第15期。

③ 李默、孙成昊：《〈自由法案〉：国家安全与个人隐私之争》，载《学习时报》2015年7月6日，第2版。

④ 参见戴艳梅等：《国际反恐实务》，中国言实出版社2015年版，第7~8页。

⑤ 朱永彪、任彦：《国际网络恐怖主义研究》，中国社会科学出版社2014年版，第97~98页。

定的全球性反恐公约外，美国还参与区域性反恐公约，如1971年签署的《美洲国家组织关于预防和惩治恐怖主义行为的公约》，[①]该公约对美洲国家之间共同打击恐怖主义犯罪作出了指导性的规定；[②]2002年签署的《反对恐怖活动泛美公约》，[③]"该公约通过更密切的法律方面的合作，交流情报资料，控制金融和检查边界等措施，加强美洲大陆的安全"。[④]

前述美国国内法律法规与国际条约，构成了美国现行完整的反恐立法体系。就宏观层面而言，美国反恐立法专业、全面，确保从防范到惩治的整个反恐过程都"有法可依"；就具体层面而言，美国反恐立法不仅仅规定立法精神、原则等抽象内容，而且规定明确、具体，以确保反恐法律的施行。

三、我国反恐怖主义立法体系

（一）我国《宪法》

我国《中华人民共和国宪法》（以下简称《宪法》）明确了"维护国家安全和统一"的根本任务。我国《宪法》第28条规定"国家维护社会秩序，镇压叛国和其他危害国家安全的犯罪活动，制裁危害社会治安、破坏社会主义经济和其他犯罪的活动，惩办和改造犯罪分子"。《宪法》为我国反恐立法提供了法律渊源。

---

① 《美洲国家组织关于预防和惩治恐怖主义行为的公约》是美国与美洲国家在1971年于华盛顿签订，1973年生效的区域性反恐公约。

② 马长生等：《国际恐怖主义及其防治研究——以国际反恐公约为主要视点》，中国政法大学出版社2011年版，第300页。

③ 《反对恐怖活动泛美公约》是2002年6月第三十二届美洲国家大会在巴巴多斯首都布里奇敦签署的区域反恐公约。

④ 管彦忠：《美洲国家组织签署反对恐怖主义泛美公约》，载人民网：http://www.people.com.cn/GB/guoji/22/86/20020604/744371.html，最后访问日期：2018年1月19日。

（二）《反恐怖主义法》

《中华人民共和国反恐怖主义法》（以下简称《反恐法》）作为我国第一部专门反恐立法，相较其他反恐立法，其显著特征：

1. 明确相关定义

《反恐法》出台之前，立法并未明确界定"恐怖主义""恐怖活动"等定义，《反恐法》"恐怖主义"的定义描述了"恐怖主义"的手段、目的、目标等特征，有利于我国反恐工作的切实开展。

2. 设立国家反恐工作领导机构和反恐情报中心

领导机构负责统一领导和指挥全国反恐工作，国家反恐情报中心负责统筹全国反恐情报工作，实行跨部门和跨地区工作机制。《反恐法》的规定，促使我国构建以国家反恐领导机构为核心的统一、高效、权威的反恐工作机构。而国家反恐情报中心的设立，"通过对情报信息的搜集和筛查、研判、核查、监控，能够为反恐怖主义实践部门提供线索和方向，提高其主动发现能力，将恐怖袭击消除在行动之前和萌芽状态，避免恐怖活动造成实际危害"。[①]

3. 确立全民反恐战略

我国《反恐法》第5条规定"反恐怖主义工作坚持专门工作与群众路线相结合"；第8条规定"……有关部门应当建立联动配合机制，依靠、动员村民委员会、居民委员会、企业事业单位、社会组织，共同开展反恐怖主义工作"；第9条规定"任何单位和个人都有协助、配合有关部门开展反恐怖主义工作的义务……"此外还规定加强公民反恐宣传教育，提高公民反恐意识、依靠群众提高

① 李寿伟、王思丝：《论反恐怖主义法的立法精神》，载《北京师范大学学报》（社会科学版）2016年第3期。

反恐情报信息工作、基层组织建立反恐工作力量和志愿者队伍，协助反恐工作。[1] 这些表述表明我国反恐工作的开展，将以国家机关反恐为核心，公众参与反恐为辅助。[2]

4. 网络反恐被采纳

现阶段，我国境内的恐怖活动已经进入活跃期，网络恐怖活动的发展是新趋势。我国《反恐法》第 18 条和第 19 条对电信业务经营者、互联网服务提供者的反恐义务作出规定，《反恐法》网络反恐的规定符合我国反恐战略的发展，也能防范和阻止网络恐怖主义的扩张。

《反恐法》的出台进一步完善了我国反恐立法体系，"标志着我国反恐怖工作步入法治轨道"。[3] 同时《反恐法》也存在未调整"非主义性"恐怖行为，未界定"极端主义"，没有明确划分法检、公安、国安、武警、军队在国家反恐战略中的具体职责与权限，没有厘清《反恐法》与其他反恐法律的衔接与协调等问题，因此《反恐法》需要在今后的实施过程中进一步修改与完善。

（三）我国《刑法》

1997 年我国《中华人民共和国刑法》（以下简称《刑法》）第一次规定恐怖主义罪行，但对恐怖主义的罪名和罪行规定得还不够全面。[4] "9·11 事件"的发生和"东突"势力在国内制造的恐怖暴力事件促使《中华人民共和国刑法修正案（三）》［以下简称《刑法修正案（三）》］的出台，该修正案的主要内容是修改原有条款并增

① 详见《反恐法》第 17 条、第 44 条、第 74 条。

② 参见郭永良：《论我国反恐模式的转型——从精英模式到参与模式》，载《法学家》2016 年第 2 期。

③ 贾宇：《中国法治反恐的里程碑——反恐怖主义法评述》，载《人民法治》2016 年第 8 期。

④ 1997 年《刑法》第 120 条规定"组织、领导、参加恐怖活动组织罪"。

加了新内容、新罪名,如,增加“资助恐怖活动罪”、“编造、故意传播虚假恐怖信息罪”、将“投毒罪”扩充为“投放危险物质罪”等。[①]“《刑法修正案(三)》是我国立法机关为适应新形势下打击恐怖活动犯罪的需要,而对刑法作出的重要修改完善,不仅使我国的反恐刑法更完备,而且向国际社会表明了我国反对恐怖主义之坚定立场。”[②]随着“乌鲁木齐7·5骚乱事件”“3·1昆明火车站暴力恐怖案件”“5·22乌鲁木齐爆炸案”等恐怖事件的接连发生,为应对国内日益严峻的反恐形势,2015年全国人大常委会通过《中华人民共和国刑法修正案(九)》[以下简称《刑法修正案(九)》]。此次修正案的新变化包括“大量反恐新概念的引入、预备行为的实行行为化、公民合作义务的增加”,[③]“《刑法修正案(九)》中确立了反恐的刑法内容,说明中国逐渐确立并完善应对恐怖主义、极端主义的罪行体系”,[④]这一体系有助于我国刑事法律对恐怖主义的防范和打击。

(四)我国其他国内反恐法律

我国反恐立法体系,除《宪法》《反恐法》《刑法》之外,还包括《中华人民共和国刑事诉讼法》(以下简称《刑事诉讼法》)、《中华人民共和国国家安全法》(以下简称《国家安全法》)、《中华人民共和国突发事件应对法》、《中华人民共和国反洗钱法》(以下简称《反洗钱法》)等法律法规。这些部门法与《反恐法》《刑法》相呼应,构成我国防范、处置、惩治恐怖主义的立法体系。

---

① 详见《刑法修正案(三)》,2001年12月29日通过,同日生效。

② 杜邈:《反恐刑法立法研究》,法律出版社2009年版,第221页。

③ 何荣功:《“预防性”反恐刑事立法思考》,载《中国法学》2016年第3期。

④ 赵秉志、杜邈:《中国反恐刑法的新进展及其思考——〈刑法修正案(九)〉相关内容评述》,载《山东社会科学》2016年第3期。

（五）我国加入的国际反恐公约

作为负责任的大国，中国历来积极履行自己的国际反恐义务，自1978年加入《关于在航空器内的犯罪和犯有某些其他行为的公约》（以下简称《东京公约》）以来，我国已经加入12项全球性反恐公约。[①] 同时还加入区域性反恐公约，如在上海合作组织框架内，我国于2001年加入《打击恐怖主义、分裂主义和极端主义上海公约》，《上海合作组织反恐怖主义公约》也于2014年生效。《上海合作组织反恐怖主义公约》通过规定一系列具体的反恐措施来打击区域内恐怖主义行为和组织，这将“进一步加强本组织框架内反恐合作的法律基础，提高成员国打击恐怖主义活动的能力”，[②]国际反恐公约作为我国反恐立法体系的重要构成部分，既有利于维护国家安全，也为我国跨境打击境外“三股势力”提供法律保障。

四、完善中国反恐立法的建议

（一）制定与《反恐法》相衔接的配套法律

虽然我国涉及反恐法律数量不少，但这些法律的反恐条文大多都是零散性规定，这些分散的条文并不能完全适应我国目前反恐之立法需求，不能保障反恐各阶段都“有法可依”，以至有反恐阶段存在“法律空白”，因此我国急需加强反恐专门性立法，确立以《反恐法》为核心的反恐立法体系。

此外，《反恐法》作为一部综合性反恐法律，同时是我国未来

① 我国已加入的国际反恐公约相关数据和资料摘自外交部官方网站：http://www.fmprc.gov.cn/web/ziliao_674904/tytj_674911/tyfg_674913/default.shtml，最后访问日期：2018年1月26日。

② 王玫黎：《法律合作加强上合组织反恐能力——评〈上海合作组织反恐怖主义公约〉五大进步》，载《中国社会科学报》2011年6月7日，第194期。

反恐立法格局之核心，其所涉及的“国家反恐领导机构的工作机制”“法检、公安、国安等部门之间的反恐权限”“网络反恐的实施程序”“国际合作与跨境反恐”等问题并未作具体规定。对此，立法者应进一步制定新的反恐法律法规作为《反恐法》实施的配套规定，同时应注重反恐法律之间的衔接与协调，这样才能确保《反恐法》的有效施行。

（二）完善反恐立法条文内容

我国反恐立法条文零散规定于诸多法律之中，导致反恐法律条文不够全面、衔接不畅和适用冲突等问题。例如，《反恐法》尚未对《反恐法》《刑法》中出现的“极端主义”作出界定、《刑法》中存在某些涉恐行为罪名的缺失情况，以致现有罪名不足以惩治恐怖主义。对此，梅传强教授指出，“我国《刑法》的制定范围仍缺乏严密性，遗漏了一些已经出现且较为严重的恐怖活动犯罪行为”，[①]王志祥教授提出，“在刑事立法上有必要增设入境发展恐怖组织罪和包庇、纵容恐怖组织罪，以完善惩治有组织犯罪的罪名体系”。[②] 立法者应针对现有反恐法律未规定或者规定不全面的反恐立法现状，进一步完善已有反恐立法的内容，以满足我国反恐之立法需求。

此外，我国反恐法律条文之间存在衔接适用不畅问题，例如，《反恐法》作为我国专门性的反恐立法，内容涉及反恐各阶段，其中涉及的一些条款内容，其他反恐法律并没有作出规定或者规定

① 梅传强：《我国反恐刑事立法的检讨与完善——兼评〈刑法修正案（九）〉相关涉恐条款》，载《现代法学》2016 年第 1 期。

② 王志祥、刘婷：《恐怖活动犯罪刑事立法评析——以〈刑法修正案（九）〉为重点的思考》，载《法治研究》2016 年第 3 期。

与《反恐法》不符,这就会产生"法律空白"或"适用冲突"。有学者就认为,"由于反恐怖法对于暴恐犯罪的普遍管辖权、暴恐分子的约束性措施、对证人及工作人员的保护性措施等都作出了程序性的规定,下一步应该呼吁诉讼法尽快出台相应的修正意见,填补这一部分的空白"。[①] 再如,《刑法》中有关恐怖主义罪名的设置,也未能完全涵盖《反恐法》以及我国加入的反恐国际公约中的恐怖主义行为和罪行,这样的情形会引起反恐法律之间不能相互衔接,继而法律之间出现适用"鸿沟"。因此,立法者需要重新审视我国现有反恐法律,不断完善反恐法律的条文内容,同时加强不同法律条文内容之间的联系,在反恐法律条文之间构建完整的反恐法律网络。

(三)注重平衡国家安全利益与公民个人权利保障

"合理平衡反恐和人权保障的关系,一直是反恐立法过程中社会各界关注的焦点问题"。[②]《自由法案》之所以取代《爱国者法案》,一个重要的原因是《爱国者法案》的实施,扩大了美国行政部门和司法部门在反恐过程中的权力,尤其是对于公民个人信息与隐私的获取权,这导致美国公民享有的权利事实上因为国家安全需要而变相受到了限制,因而美国国内要求废止《爱国者法案》的各方呼声日益高涨。而2015年生效实施的《自由法案》则被视为"兼顾与平衡方案","因为其既可以保证情报部门对于恐怖分子的监控,又可以确保美国公民隐私权不被侵害"。[③] 近两年我国

① 王梦瑶、陈刚:《全球化背景下对反恐怖策略的思考》,载《法治研究》2016年第3期。

② 张立刚、鞠旭远:《依法反恐与人权保障的平衡:我国〈反恐怖主义法〉的基本价值》,载《新疆警察学院学报》2016年第2期。

③ 沈臻懿:《〈自由法案〉的自由与不自由》,载《检察风云》2015年第15期。

反恐立法速度加快，反恐法律数量激增，但仅凭立法数量或者严刑峻法并不能完全遏制恐怖主义或恐怖行为的发生，同时这一过程还会侵犯、压缩普通公民的合法自由权利。① 因此，如何在维护国家安全利益的同时保障个人的合法权利，是我国反恐立法过程中一个既现实又紧迫的课题。

《反恐法》总则第6条规定“反恐怖主义工作应当依法进行，尊重和保障人权，维护公民和组织的合法权益”。同时《反恐法》在分则规定具体反恐措施时，如司法、行政机关采取技术侦查措施、调查恐怖活动嫌疑人员、认定恐怖活动组织和人员时，都明确要求反恐机关做到依法执法、规范执法，“体现了坚持尊重和保障人权，维护公民组织的合法权益的立法精神，从而有利于实现反恐怖主义与人权保障之间的平衡”。② “反恐立法要防止极端主义，既要反对极端的社会本位，又要反对极端的个人本位”。③ “如果因反恐而使民众失去自由，这样的立法很难取得公众的认同，产生预期的效果。”④因此只有在既能够维护国家、社会的稳定以及个人的生命和财产安全，同时又能保障公民个人的自由权利不受侵害的前提下，反恐法律才能被社会、个人所接受，我国全民反恐的局面才能形成。

五、结语

当前，我国正面临日益严峻的恐怖主义威胁，并且“在境内外

① 参见许桂敏、肖健康：《我国应继续完善防控恐怖活动法律》，载《犯罪研究》2016年第4期。

② 李寿伟、王思丝：《论反恐怖主义法的立法精神》，载《北京师范大学学报》（社会科学版）2016年第3期。

③ 齐文远、魏汉涛：《英美反恐立法的得失及其启示》，载《中国高校社会科学》2015年第6期。

④ 同上。

恐怖活动组织、人员的勾结之下,我国正陷入'本土'恐怖威胁与'外来'恐怖威胁双向夹击的局面"。[①] 法律作为打击恐怖主义的重要手段,加强反恐立法是我国的必然选择。在反恐立法过程中,立法者应确立以《反恐法》为核心的反恐立法体系,完善现有反恐立法的内容,加强反恐法律之间的衔接,确保反恐各阶段都能"有法可依"。同时在反恐立法过程中,要注重国家安全利益与公民个人权利之间的平衡,"正确厘清公权和私权的关系,在维护民族稳定的同时,应当更加强调尊重和保障人权,立法应明确禁止任何形式的以反恐之名侵犯公民私权的行为"。[②]

Comparison of China-America Anti-terrorism Legislation

Yuan Yujin

Abstract: After "9 · 11 incident", the United States speeds up domestic anti-terrorism legislation, formulating a series of anti-terrorism act and participates in the international counter-terrorism convention, establishing a complete system of anti-terrorism legislation. In the same period, on the legislative level, China enacts Counter-terrorism Law and other laws, repeatedly amended Criminal Law, and actively joins counter-terrorism convention. Comparing the differences between China-America anti-terrorism legislation, this paper fry to put forward to strengthen domestic anti-terrorism

① 梅传强、张永强:《我国恐怖活动犯罪的现状、特征及防控对策》,载《北京师范大学学报》(社会科学版)2015 年第 6 期。

② 任永前:《我国反恐立法走向初探》,载《法学杂志》2014 年第 11 期。

legislation, perfects the existing legislation content, balances national security interests and personal rights, and structure completes China's anti-terrorism legislation system.

Keywords: anti-terrorism legislation; Patriot Act; Freedom Act; Counter-terrorism Law of the People's Republic of China; human rights protection

【实务探微】

违法信息披露的属性界定

——以法律关系的省思为基础

马有芳*

摘　要:近年来,违法信息披露规制手段备受行政机关青睐,被广泛应用于食药安全、医疗卫生、产品质量、安全生产等领域,但学界对该规制手段的属性界定模糊不清,制约了规制效果的发挥,亟待整肃。违法信息披露,有着区别于传统规制手段的特殊内部结构,囊括三方主体,包含多种法律关系,法律效果的发生需借助社会公众力量的发挥,因而对其性质的认定需紧扣内部关系展开讨论。在行政主体与社会公众关系层面上,违法信息披露为事实行为;在行政主体与相对人关系层面上,违法信息披露则为旨在发生规制效果的法律行为。这种法律行为从宏观视角来看,属于一种全新的实效性确保手段;在微观视角下根据目的进路,又可划分为间接强制执行、行政强制措施、特定违法现象的规制手段。

关键词:违法信息披露;事实行为;法律行为;实效性确保手段

* 西南政法大学行政法学院 2014 级硕士研究生。

在传统行政规制手段缺陷暴露的夹缝及信息社会背景下，违法信息披露作为一种全新的规制手段找到了一席之地，并被广泛运用于道路交通、产品质量、食品安全、环境保护等领域，不仅为社会公众提供了许多及时的风险信息，而且有效化解了行政任务多元化与执法资源短缺之间的矛盾，成为行政机关解决现实难题的一把“利器”。但目前对该规制手段的法律定位不清，行政机关在适用该手段治理相关领域的难题时存在一定顾虑，制约了该手段规制效果的有效发挥。学者们对违法信息披露的法律属性各抒己见，论战风云四起，有事实行为说、单一法律行为说、类型化分析理论等。相比违法信息披露内涵的日臻完善与共识的逐步达成，有关其性质的认定略显混乱。

一、旧理论之反思

（一）传统事实行为说

持传统见解的学者，热衷于将违法信息披露定性为行政事实行为，德国学者毛雷尔在《行政法学总论》一书中，将与违法信息披露同质的“公共警告”视为事实行为的一种特殊形式；[①]韩国学者金东熙也在其撰写的《行政法 I》一书中提道，违法事实的公布本身是不发生任何法效果的事实行为；[②]我国由于受德国法影响的缘故，倾向于将其认定为事实行为。

截至目前，主张事实行为说的学者之所以将违法信息披露视为事实行为，主要是基于以下理由：第一，将违法信息披露着眼于

① 参见［德］哈特穆特·毛雷尔：《行政法学总论》，高家伟译，法律出版社2000年版，第392～397页。

② 参见［韩］金东熙：《行政法 I》，赵峰译，中国人民大学出版社2006年版，第317页、第336页。

行政机关与社会公众之间的信息提供与接收行为，认为该规制手段就是行政主体在其职权范围内，将执法中获取的行政相对人的违法事实向社会公布，为社会公众提供警告的预防性行为。[①] 第二，认为行政法律行为是行政机关依职权作出的直接产生法律效果的行为，强调行为的作出不仅产生了法律效果，而且是以“直接”方式对相对人的权利义务产生影响。违法信息披露则是通过社会公众的力量，间接地对相对方产生法律效果，不符合行政法律行为的法律效果要件。第三，从法律行为的处理性角度来分析，所谓的处理行为一定是包含了行政主体实现特定法律效果的意思表示的行为。违法信息披露是出于公共利益而为公众提供相关资讯的活动，行为对象为社会公众，所以很难说行政机关有对相对方权利义务进行处理的意思表示，而只是传递信息，提醒公众注意相关违法行为，[②]因此，违法信息披露只能是一种事实行为。

（二）对事实行为说的反思

近年来，随着政府不断利用调查所获违法信息作为制止不法活动产生、继续的手段，传统观点无论是在理论层面还是实务层面都受到了挑战。学者逐步认识到，违法信息披露可作为传统规制方法的一种补充方案，对事实行为说开始反思。首先，事实行为说只看了行政机关为公众提供信息的面向，忽视了在信息社会及传统规制手段失灵背景下信息披露手段对相对方及同类违法现象的规制效果，造成了认识上的偏差。其次，持传统观点的学者，异化了行政法律行为的本质内涵。行政法律行为的实质要素

① 参见张新宇：《论行政信息披露的法律性质》，载《中南民族大学学报》（人文社会科学版）2015 年第 2 期。

② 参见禹竹蕊：《违法信息行政公告的界定》，载《社会科学家》2015 年第 1 期。

在于它是一种处理行为，即以产生法律后果为目的的意思表示。[1]也就是说，行政法律行为是一种更注重目的的活动，只要有产生法律效果的意思表示，并实际作出了行为，均可被认定为法律行为，而不问法律效果的发生是以直接方式还是间接方式实现。那种认为只有通过直接方式产生法律效果的行为才属于法律行为的观点混淆了行政法律行为与行政法律行为的实施，也是德国法概念辗转日本、我国台湾地区，传到我国大陆后发生的偏差。[2] 因此，从理论角度来看，将违法信息披露视为一种绝对的事实行为已经很难站稳脚跟。在实务层面上，近年来行政机关为实现对特定领域违法相对人的规制，也纷纷采取信息披露手段。例如，2016 年年初国家食药监总局曝光 7 批次不合格牛羊肉、5 月中央环保督察组公布九大环境污染典型企业。从这些披露事件分析可得，违法信息披露不再单纯是信息提供，而明显包含着对违法现象进行强力规制的讯息。除了行政机关对违法信息披露法律规制手段的自我认可，该手段的法律行为属性也得到了一部分司法部门的支持。例如，在 21 世纪伊始的“深圳市纯净水公司诉株洲市卫生局违法公布案”中，一审法院与二审法院均将株洲市卫生局的错误披露行为视为行政法律行为予以受理。综上，绝对化事实行为说的通说地位受到了挑战。

二、新理论之审视

鉴于事实行为说通说地位的式微，学者们对违法信息披露的性质展开了新一轮的探索。王周户教授将违法信息披露，定位为

---

① 参见吴庚：《行政法之理论与实用》，中国人民大学出版社 2003 年版，第 200 ~ 201 页。

② 参见施立栋：《论行政机关公布违法事实行为的法律性质》，载《行政法论丛》2014 年第 00 期。

强制执行手段；李震山教授提出不能将违法信息披露一律视为事实行为，对于以警示之名行规制之实的公布，有认定为行政法律行为的余地；章志远教授基于类型化研究将违法信息披露区分为：作为声誉罚的公布违法事实、作为公共警告的公布违法事实、作为行政处罚结果公开形式的公布违法、作为行政强制执行手段的公布违法事实。[①] 通过对学者观点进行统计，发现以章志远教授为代表的类型化分析模式脱颖而出，占据总统计量的85%，而主张单一法律行为模式的学者仅占一小部分。那么这些新观点能否合理诠释违法信息披露的性质？本文认为，无论是单一法律行为模式还是类型化模式，最终都难逃类似传统事实行为说片面性的樊篱。单一法律行为模式只看到了行政机关对相对人的规制功能，而忽略了为社会公众提供信息的面向；类型化说相比单一模式来说具有相当大的进步，认识到了违法信息披露的复杂性与多面性，但是该模式对违法信息披露的内部结构进行了分离式处理，将本该为双重属性的违法信息披露转化为只具有单独属性的多种类型。前文论及，在违法信息披露内部结构中，不仅有对相对人的规制面向，也有对社会公众的警示面向，而类型化模式中的每一种类型只是看到了其中的一种面向，忽视了违法信息披露本身的双重性。因此，在事实行为与法律行为的争辩中，应结合违法信息披露的内部关系作出全面判断，然后再对违法信息披露的法律行为面向作出类型化选择。

三、内部法律关系之思考

无论是事实行为说，还是单一法律行为说、类型化说，之所以难

① 参见章志远、鲍燕娇：《公布违法事实的法律属性分析》，载《山东警察学院学报》2011年第6期。

以全面概括违法信息披露的性质，主要原因在于没有对违法信息披露的内部结构进行分析。与传统行政行为只涉及两方主体、一种法律关系不同，违法信息披露囊括三方主体，即行政主体、相对人、社会公众，包含多种法律关系，因而对其性质的认定便需要结合其特殊的内部关系进行讨论。由于行政相对人与社会公众之间的关系不涉及公法问题，本文重点分析其他两种关系。

在行政主体与社会公众之间的关系层面上，违法信息披露属于事实行为。事实行为系行政主体所为的不以产生特定法律效果，而是以事实效果为目的之行政行为形式。[①] 就违法信息披露而言，行政主体只是为公众提供相关信息，改变公众信息匮乏的局面，以便公众防范危险，审慎作出选择，并没有产生、变更、消灭公法权利义务关系的意思表示。公众作为信息接收方，是否会基于信赖作出相应选择完全属于自愿，也就是说这一层次的违法信息披露追求的是一种事实上的效果。正如《中华人民共和国食品安全法》（以下简称《食品安全法》）第22条规定，国务院食品药品监督管理部门对经济综合分析表明可能具有较高程度安全风险的食品，应当及时提出食品安全风险警示，并向社会公布。这里的公布主要涉及行政主体与社会公众之间的关系，主要是为了给予风险警示，属于典型的事实行为。虽然信息披露对相对人规制效果的产生要借助于社会公众的力量，但行政主体与相对人在结构层面的违法信息披露效果的发挥机理完全不影响将行政主体与社会公众层次结构中的违法信息披露定性为事实行为。传统学者主要看重行政主体与社会公众之间的关系，倾向于将其认定

---

① 参见翁岳生：《行政法》（下册），中国法制出版社2009年版，第885页。

为事实行为,当然这也与当时信息规制作用发挥薄弱密切关联。

从行政主体与相对人之间的关系来分析,违法信息披露应属于法律行为。首先,判断一个行为是否属于法律行为主要看两个要件:一是意思表示,二是法律效果。[①] 即该行为首先应根据行政主体的意思表示作出;其次,以产生、变更、消灭公法权利义务为目的,简言之就是要有以产生法律效果为目的的意思表示。行政主体与相对人关系层面的违法信息披露正好符合行政法律行为的核心要素。随着现代行政的演变,违法信息披露不再是单纯的提醒式或警告式公布,而变为一种实实在在确保行政法义务得以履行、行政合法状态得以恢复的信息规制行为。行政主体之所以将相对人的违法信息予以披露,就是想借助这种规制工具,对相关违法现象进行规制,并影响相对方的公法行为,督促其采取合法行为,回归适法状态。因而违法信息披露具有对相对方及同类违法现象的规制,满足法律行为以发生法律效果为目的的核心特征,当然这点也可以从前述的违法信息披露产生的现实原因中管窥一二。在现代社会中,违法现象越来越复杂,行政任务也呈现多元化色彩,传统手段已经无法适应不断变化的社会需求,在一些新兴领域均出现了规制失败问题,而违法信息披露的出现恰逢其时地缓解了这种困境,不仅弥补了传统规制手段的缺陷,而且节约了执法成本,有效地缓解了繁重的行政任务与执法资源短缺之间的矛盾。因此,违法信息披露规制手段的出现不仅是为社会公众传递信息,其背后隐含了浓重的执法效果考量,与行政法律行为注重法律效果的目的趋向不谋而合。但也有学者对这一层面违法信息披露的法律行为性质提出了质疑,

① 参见莫于川:《建设法治政府需要司法更给力》,清华大学出版社 2014 年版,第 23 页。

理由是违法信息披露是通过社会公众的媒介力量实现对相对方的间接规制，与法律行为所追求的直接法律效果不一致。本文认为，这一理由不能成立。首先，如前文所述，持该质疑观点的学者没有认清法律行为的要旨，而且模糊了行政法律行为与行政法律行为实施方式之间的界限。法律行为的要旨是有实现法律效果的意思表示，即目的是实现一定的法律效果，并不对法律效果的实现方式有严格要求。此外，法律行为与法律行为的实施也是两回事，法律行为的认定在先，实施只是后续之事。其次，这种看法有割裂信息规制整体性的嫌疑，违法信息披露是一项系统性手段，由多阶段行为紧密组合起来共生影响力，在多方配合下最终产生法律效果，这与传统单靠行政主体强制性权力的法律效果实现方式截然不同，但一味强调其法律效果实现方式的间接性，而非规制的实效性，实际上是关注点偏离的表现，也容易割裂违法信息披露的整体性。总之，这一层次的违法信息披露是以实现某种法律效果为目的，具有处分性，可以划归法律行为。

四、双重属性质疑之解除

针对上述基于内部结构的层次性认识，结合修法背景，很可能出现质疑的声音。2014 年 11 月修订的《中华人民共和国行政诉讼法》（以下简称《行政诉讼法》）第 2 条将“具体行政行为”改为“行政行为”。有学者提出，这一改动意味着将事实行为也统揽入了行政诉讼受案范围。也就是说，无论是法律行为还是事实行为均可获得行政诉讼救济。那么在这种情况下，对违法信息披露的性质作事实行为与法律行为的区分还有何意义？本文认为，这种反对观点不能成立。

一方面，《行政诉讼法》的修改并非意味着将所有的事实行为纳入行政诉讼受案范围。将“具体行政行为”改为“行政行为”主要是考虑具体行政行为与抽象行政行为只是学科上的概念，实务中并不采纳，而且我国行政法基本体系源于德国，而德国法中并没有具体与抽象之概念。这一修改目的已经得到了最高人民法院梁凤云法官以及参与起草修订稿的甘文法官等多位法官的支持，在最高人民法院新行政诉讼法学习稿件中也提到。另外，2000 年颁布最高人民法院《关于执行〈中华人民共和国行政诉讼法〉若干问题的解释》第 1 条有关受案范围的解释中早已使用了“行政行为”这一概念，但在本条第 2 款第 4 项中，却明确将属于事实行为的行政指导列为不属于行政诉讼受案范围的事项，甘文法官在其著作《行政诉讼法司法解释之评论——理由、观点与问题》中也提道：司法解释中的行政行为并不包括事实行为。[①] 说明由“具体行政行为”到“行政行为”的转变不能用于证明行政诉讼受案范围可以囊括事实行为，修法在关于受案范围的正面列举中也未将事实行为列入。

另一方面，区分事实行为与法律行为的意义并非限于司法救济，还体现在法律要求、合法要件、实体和程序限制、违法后果等方面。法律对事实行为的限制较少，合法要件也比较宽松，很多都享有所谓的法外空间，但对法律行为往往规定较苛刻的实体与程序要件，以防止行政机关滥用权力。在违法后果方面两者也有明显区别，事实行为不以发生法律效果为目的，法律行为所面临的问题，即违法对法律效果的影响（撤销或无效），对事实行为并不适用，但并不是说事实行为违法不承担一定后果，行政主体有义务去除违法事实行为造成的影响，并在可能的范围内恢复至合

① 参见甘文：《行政诉讼法司法解释之评论——理由、观点与问题》，中国法制出版社 2000 年版，第 18 ~ 19 页。

法状态,因此根据内部结构对违法信息披露作事实行为与法律行为的区分很有必要。

五、法律行为类型之面向

就行政主体与相对人关系角度而言,违法信息披露是一种法律行为,那么究竟这种法律行为的具体表现是什么?学者对此的意见并不统一,有行政处罚说、行政强制说、行政指导说等学说,本文从宏观与微观面向展开论述。

(一)宏观面向:行政实效性确保手段

"行政实效性确保手段",最初是日韩学者为实现行政手段的多样性而作出的理论贡献,具体指行政法律法规赋予公民一定的义务或禁止其从事某些行为,对违反这些义务或禁止性规定的行为,出于公益目的,设计了确保义务履行或纠正违法状态的各种手段。而且即使不是以向相对人赋予义务或以不履行义务为前提的行政违法状态,由于有必要消除上述状态,确保适当的行政状态,因此规定了相应的手段。由此可以得出,行政实效性确保手段并不以义务的履行为前提,其囊括范围远远大于确保义务履行的手段,履行义务仅仅是确保实效性的一种手段,因此本文并不主张将行政实效性确保手段视为确保义务履行的手段,两者应为包含而非等同关系。

关于实效性确保手段的体系构建,盐野宏认为应包括行政强制执行、行政处罚、公布等一系列新制度;[①]南博方及韩国学者金东熙则主张,行政实效性确保手段应包含行政强制执行、行政即时强制、行政处罚、行政调查、新型确保手段。[②] 我国关于实效性

① 参见[日]盐野宏:《行政法总论》,杨建顺译,北京大学出版社2008年版,第166页。

② 参见[日]南博方:《行政法》,杨建顺译,中国人民大学出版社2009年版,第121~131页。

确保体系的研究当推刘艺教授和余凌云教授。在《行政法总论》一书中，刘艺教授将实效性制度列为四种，即行政处罚、行政强制、行政调查、行政上的其他保障手段。余凌云教授将行政实效性确保手段概括为三类，即行政处罚、行政强制、其他新型手段。结合国内外学者见解，发现争议的焦点集中在行政强制措施、行政调查、其他新型手段。在国内行政强制措施是否属于实效性确保手段并无太大争议，部分学者之所以提出否定性观点，是因为将实效性确保限定在强制履行义务范围内，但这个理由并不符合实效性确保手段的设计初衷。在行政调查问题上，之所以未列入实效性确保手段，关键的问题是将行政调查视为行政强制措施或者将两者混同。[①] 两者虽然在行使方式、强制力等方面会出现重合，但这两种行为的目的、范围并不同。[②] 行政调查是行政机关收集整理资讯、证据的活动，其调查方式既可以采取强制手段，也可以采取非强制手段。行政强制措施则是行政机关在紧急情况下，为避免危害发生，防止危险扩大而采取的强制性行为。因此行政强制措施并不能涵盖行政调查的所有形态，不宜将行政调查并入行政强制措施，而应将其单列为一种实现行政目的的实效性确保手段。关于"其他新型手段"问题，学者提道：其中有些手段与间接强制执行存在交叉，如违法信息披露。本文主张，其他新型手段是为了弥补列举的不完全性，以将行政处罚、行政强制、行政调查以外的行政手段归入其中，而行政强制下的新型间接强制执行方式应在行政强制内部进行构建，这也符合拉伦茨"外部体系"与"内部进路"的法学方法论标准。但是概念与类型是两回事，概念

① 参见胡建淼：《行政法学》，法律出版社 2003 年版，第 330 页。

② 参见杨建顺：《行政法总论》，中国人民大学出版社 2012 年版，第 213 页。

学的考察方式没有“或多或少”,只有“非此即彼”,而类型学则可以用“或多或少”来描述。[①] 违法信息披露的复杂性决定了对其性质的考量应用类型开放性视角来分析,而不应以“非此即彼”式的概念思维路径审思。综上,本文将实效性确保手段的外部体系划分为四大块,即行政强制、行政处罚、行政调查、其他新型手段。

违法信息披露是一种全新的行政实效性确保手段,在主流学者间已达成共识。此种手段发挥作用的机理,便是通过披露违法事实与行为确保法定义务的履行、对违法现象及相关风险进行规制、预防类似违法现象的泛滥,使相对人及社会公众的行为回归适法状态,与实效性确保手段的设计初衷不谋而合。那么,违法信息披露到底属于行政实效性确保手段下的哪一种子类型?大部分学者将其列入其他新型手段中,但是该规制手段是否只能列入其他新型手段中?其实不然,违法信息披露是极其复杂的制度,它本身包含多个面向,在不同执法背景下也会发挥不同的功效。本文在分析实效性确保手段外部体系基础上,将违法信息披露分别划入行政强制与其他新型手段中,在行政强制模块下将违法信息披露的性质区分为行政强制执行与行政强制措施,在行政强制措施面向下又分为一般强制措施与作为突发事件应急措施的特殊强制措施。作为其他新型实效性确保手段的违法信息披露,则主要是对不属于处罚、强制、调查的其他情形进行综合概括,依目前的实践情况来看,该类违法信息披露主要是对难以治理且危害公共利益较大的违法现象进行规制。下文将对此三种微观面向展开论述。

(二)微观面向一:行政强制执行

第二次世界大战后,日本对传统行政强制执行手段进行了强

---

① 参见[德]卡尔·拉伦茨:《法学方法论》,陈爱娥译,商务印书馆2003年版,第346页。

力批判,认为直接强制执行虽然可以快速便捷地达成行政管理目标,但与人权保障的宪法理念不符,而且容易激化行政主体与相对人之间的对立情绪,因而主张间接强制执行应当优于直接强制执行。但是在行政任务复杂化背景下,作为传统间接强制执行手段的代履行与执行罚有时难以发挥有效作用,于是近年来日本致力于探索其他新型间接强制手段,违法信息披露手段正是对传统行政强制执行理论革新的新成果。此种规制手段起初是作为一种新型间接强制执行手段而被使用,后被推广用于信息警告、控制风险、规制违法现象。我国在现行注重司法执行的强制执行权配置模式下,为破解执行难问题,也在试图探索多元化的间接强制手段。《中华人民共和国行政强制法》(以下简称《行政强制法》)第 12 条对行政强制执行方式作了列举规定,前 5 项均为传统执行手段,第 6 项的兜底规定为其他新型手段的纳入留存了空间。在此便利条件下,学者提倡有必要突破传统强制手段的范围,建立包括违法信息披露在内的新型手段,以提高执行效率。

从理论角度来讲,违法信息披露具备成为间接强制执行手段的条件。间接强制执行,简言之,就是通过间接手段,迫使相对方履行义务或达到与履行义务相同状态。而违法信息披露可以担纲这种角色。在现代社会,无论是个人还是企业,都很重视自己的社会形象。对于一个有羞耻意识及社会角色意识的个人而言,正面形象是自我价值的体现;对于企业而言,良好的商誉是企业能否跻足市场的关键,有则立,无则败。如果事先告知相对方逾期不履行义务即将披露其违法信息的情况,那么外在的精神压力及严重的后果预估,会迫使有耻感或重商誉的相对方权衡利弊,选择走履行义务的正路。从法律文本及具体行政领域角度来观察，如表1所示，违法信息披露已经在产品质量、关税、价格、税务、医疗卫生等领域被视为一种间接强制执行方式，在相对方逾期不改正违法行为的情况下，以披露的方式督促其履行行政决定。

表1 属于行政强制执行的违法信息披露相关法律条文检索

<table>
<tr><th>法律名称</th><th>实施及修订时间</th><th>效力等级</th><th>相关条文</th><th>共同特征</th></tr>
<tr><td>《中华人民共和国产品质量法》</td><td>1993年9月1日实施，2009年修正</td><td rowspan="2">法律</td><td>第17条规定：依照本法规定进行监督抽查的产品质量不合格的，由实施监督抽查的产品质量监督部门责令其生产者、销售者限期改正。逾期不改正的，由省级以上人民政府产品质量监督部门予以公告</td><td rowspan="4">行政机关作出行政决定，相对人逾期不改正的，为督促相对方切实履行行政义务、改正违法行为，故对相对人的违法行为予以公布</td></tr>
<tr><td>《中华人民共和国慈善法》</td><td>2016年9月1日实施</td><td>第98条规定：慈善组织有下列情形之一的，由民政部门责令限期改正；逾期不改正的，吊销登记证书并予以公告</td></tr>
<tr><td>《中华人民共和国进出口关税条例》</td><td>2004年1月1日实施，2016年修订</td><td rowspan="2">行政法规</td><td>第37条第2款规定：海关可以对纳税义务人欠缴税款的情况予以公告</td></tr>
<tr><td>《价格违法行为行政处罚规定》</td><td>1999年8月1日实施，2010年修订</td><td>第22条规定：任何单位和个人有本规定所列价格违法行为，情节严重，拒不改正的，政府价格主管部门除依照本规定给予处罚外，可以公告其价格违法行为，直至其改正</td></tr>
</table>

续表

法律名称	实施及修订时间	效力等级	相关条文	共同特征
《注册税务师管理暂行办法》	2006 年 2 月 1 日实施	部门规章	第 42 条规定:注册税务师有下列行为之一的,由省税务局予以警告或者处 1000 元以上 5000 元以下罚款,责令其限期改正,限期改正期间不得对外行使注册税务师签字权;逾期不改正或者情节严重的,应当向社会公告。公告办法另行规定	行政机关作出行政决定,相对人逾期不改正的,为督促相对方切实履行行政义务、改正违法行为,故对相对人的违法行为予以公布
《港口经营管理规定》	2010 年 3 月 1 日实施,2016 年修正		第 38 条规定:经检查或者调查证实,港口经营人在取得经营许可后又不符合本规定第 7 ~ 10 条规定一项或者几项条件的,由港口行政管理部门责令其停止经营,限期改正;逾期不改正的,由作出行政许可决定的行政机关吊销《港口经营许可证》,并以适当方式向社会公布	

续表

法律名称	实施及修订时间	效力等级	相关条文	共同特征
国务院办公厅《关于印发〈建立和规范政府办基层医疗卫生机构基本药物采购机制指导意见〉的通知》(国办发〔2010〕56号)	2010年11月19日实施	国务院规范性文件	二、(十)规定:建立严格的诚信记录和市场清退制度。对采购过程中提供虚假证明文件,蓄意抬高价格或恶意压低价格,中标后拒不签订合同,供应质量不达标的药品,未按合同规定及时配送供货,向采购机构、基层医疗卫生机构和个人进行贿赂或变相贿赂的,一律记录在案并按以下规定进行处罚:一次违规严厉警告,并限期纠正或整改;逾期不改或二次违规的,由省级卫生行政部门将违法违规企业和法人代表名单及违法违规情况向社会公布,全国所有省(区、市)两年内不得允许该企业及其法人代表参与本省(区、市)任何药品的招标采购。违反相关法律法规的,要依法惩处	行政机关作出行政决定,相对人逾期不改正的,为督促相对方切实履行行政义务、改正违法行为,故对相对人的违法行为予以公布

续表

法律名称	实施及修订时间	效力等级	相关条文	共同特征
原国家计委《关于印发〈价格主管部门公告价格违法行为的规定〉的通知》	2002 年 10 月 1 日实施	部门规范性文件	第 1 条规定:为促使经营者改正价格违法行为,根据《价格违法行为行政处罚规定》,制定本规定。 第 2 条规定:经营者价格违法行为情节严重,且在价格主管部门作出行政处罚决定后,有下列情形之一的,价格主管部门可以公告其价格违法行为:(1)不停止价格违法行为的;(2)未恢复到法律、法规等规定状态的;(3)其他拒不改正的	行政机关作出行政决定,相对人逾期不改正的,为督促相对方切实履行行政义务、改正违法行为,故对相对人的违法行为予以公布
财政部、国家档案局《关于印发〈会计师事务所审计档案管理办法〉的通知》	2016 年 7 月 1 日实施		第 30 条规定:会计师事务所违反本办法规定的,由省级以上财政部门责令限期改正。逾期不改的,由省级以上财政部门予以通报、列为重点监管对象或依法采取其他行政监管措施	
原国家质检总局办公厅《关于加强烟花爆竹产品标准宣传和质量监督工作的通知》	2015 年 9 月 15 日实施		第三大点,加强烟花爆竹产品质量监督抽查工作规定:要依法加强监督抽查不合格产品及生产企业后续处理工作,责令不合格产品生产企业认真整改,限期复查,对逾期不改、整改复查不合格和停产的企业,加大曝光力度	

（三）微观面向二：行政强制措施

行政强制执行只是违法信息披露的性质面向之一，在特定情况下，该规制手段还可能是一种行政强制措施。具体表现为两种情形：第一种情形是一般行政强制措施；第二种情形是一种特殊的行政强制措施——突发事件应急措施。

违法信息披露可能是一种一般的行政强制措施。例如，《中华人民共和国电信条例》（2016 年修订）第 42 条规定："国务院信息产业主管部门或者省、自治区、直辖市电信管理机构应当依据职权对电信业务经营者的电信服务质量和经营活动进行监督检查，并向社会公布监督抽查结果。"又如，《农业机械安全监督管理条例》第 39 条规定，国务院农业机械化主管部门应组织开展在用的特定种类农业机械的安全鉴定和重点检查，并公布结果。这种类型的违法信息披露从表面来看是将行政调查、检查结果公开，实则在行政处罚决定作出之前，为制止违法行为，防止危险扩大而采取的一种强制措施。

违法信息披露还可能是一种突发事件应急措施。《中华人民共和国突发事件应对法》（以下简称《突发事件应对法》）第 3 条明确规定，突发事件是突然发生，造成或者可能造成严重社会危害，需要采取应急处置措施予以应对的自然灾害、事故灾难、公共卫生事件和社会安全事件。在这四种突发事件类型中，除极少数与人类活动无关外，大多数事件的发生与人类自身的违法违规行为休戚相关，例如，江苏镇江水污染事件、"毒生姜"食品安全事件。由于这些事件具有突发性、紧急性、涉及范围比较广、危害性比较大，公众的生命、健康安全受到了严重威胁，在此情形下，行政机关应当依据相关法律法规授予的应急处置职权采取一定的应急行为，以消除突发危险，保障社会公共利益。《突发事件应对法》中规定了多种应急处置措施，其中有一点是及时收集信息，定时向社会发布与公众有关的突发事件预测信息和分析评估结果。在这些信息当中，有些是经过相关行政机关予以确定的违法信息，有些则是有充分证据表明属于明显违法，但政府由于危险的急迫性，来不及等具体行政机关作出形式违法确认通知的信息。也就是说，属于突发事件应急处置措施的违法信息披露所公布的违法信息，不一定都属于形式要件绝对确定之违法。在紧急情况下，有充分证据表明有合理怀疑时，出于公益考量，政府可以将尚未终局性确认的违法信息事先予以公布。这主要存在于诸如食品安全、环境污染等与社会公众的生命、健康等利益直接关联的领域，这些信息如果迟延公布将会对公众造成难以恢复的重大损害。

作为上述应急处置手段的违法信息披露，是一种特殊的行政强制措施。实践中除了一般性行政强制之外，还存在一些特殊的行政强制措施，主要包括三种：突发事件应急处置措施、金融业审慎监管措施、进出境技术监控措施。这些措施由于其各自领域的特殊性及行政主体享有较大的裁量权限，并不适用《行政强制法》中关于一般行政强制的规定，而由相关的法律、行政法规另行规定。因此，这类突发事件应急措施并非具有超法性，而属于经由相关法律规范授权可以采取的行政行为。该类行为从社会公众角度而言，是一种预警信息，提醒公众提防危险，属于事实行为。但除了提供信息的功能外，它更是一种针对突发事件的行政处理措施，也是制止违法行为、控制危险扩大化的有效手段，能够对相对人的权利与义务产生增减变化，可以产生一定的行政法律效果，本质上属于行政强制法律行为。相比惯常的行政行为，行政机关在采取应急行为方面享有更大的裁量权，但是这种裁量不是独裁，是否采取违法信息披露应急手段，需要及时综合评估该手段介入的必要性与紧急性。例如，不符合质量标准的机车或设备的地铁正在运行，很有可能发生重大安全事故，采取其他方式来不及避免公众伤亡的发生，此时就可采用违法信息公布的应急措施，及时提醒公众下车，并通过暂停运行等措施，避免危险的继续蔓延。此外，违法信息披露在作为一种应对突发事件的风险规制措施时，除了考虑该措施介入的必要性与紧急性、目的的公益性外，还必须严格遵守法律规定，不得超越与脱离《突发事件应对法》及相关法律的规定。

（四）微观面向三：特定违法现象的规制手段

相比前两种面向的违法信息披露，对特定违法现象进行规制的违法信息披露更常见，也易在法律条文中找到依据。例如，《中华人民共和国种子法》（2015 年修订）第 22 条第 5 款规定，对已登记品种存在种子样品不实的，撤销该品种登记，并将该申请者的违法信息向社会公布。《食品安全法》（2015 年修订）第 48 条第 2 款规定，对不再符合认证要求的食品生产经营企业，应当依法撤销认证，并及时向县级以上人民政府食品药品监督管理部门通报，并向社会公布。《中华人民共和国消费者权益保护法》（2013 年修正）第 56 条规定，经营者有法定违法情形的，由工商行政管理部门或其他有关行政部门作出没收违法所得、罚款等处罚决定，并记入信用档案，向社会公布。这类违法信息披露的特点，在于行政机关已经就相对人的违法行为作出行政处罚，而后仍然将其违法信息予以披露，主要适用于环境保护、食品药品安全、产品质量、交通违法事故等领域，这些领域是《中华人民共和国政府信息公开条例》所规定应当重点公开的情形，与民众生命、健康安全休戚相关。而且相关领域的违法现象频繁发生，甚至达到了泛滥成灾的程度，行政主体治理压力与难度很大，必须严厉打击，否则后果不堪设想。在这种情况下，为消弭现实违法情况的继续发生，有必要采取手段予以遏制，以实现行政管理目的。此种类型的违法信息披露已经不仅是对相对人行为的规制，更是对社会中同类严重违法现象的预先规制和特殊规制，目的就是预防特定危险甚至风险的继续蔓延，维护社会公共利益。相对于上述两种面向的违法信息披露，此种类型信息披露的范围更广泛，对相对方造成的损害也更大，因此在使用时更需审慎。

六、余论

违法信息披露是一种极复杂的规制手段，此种手段具有双重属性。从行政主体与社会公众角度来看，属于事实行为；从行政主体与相对人角度来分析，则属于法律行为。法律行为层面的违法信息披露从宏观上来看，属于行政实效性确保手段，从微观类型上来观察，又可以划分为行政强制执行、行政强制措施以及其他新型手段（对难治理且严重危害公共利益的违法行为的规制措施），具体见图1。违法信息披露性质的复杂性为实践中具体运用标准带来了困扰，本文认为可以借鉴刑法吸收原则，行政主体将违法信息予以披露的同时对行政相对人和社会公众产生影响，此时就可以选取其中较严格的标准，即按照相应法律行为的标准与程序进行披露。

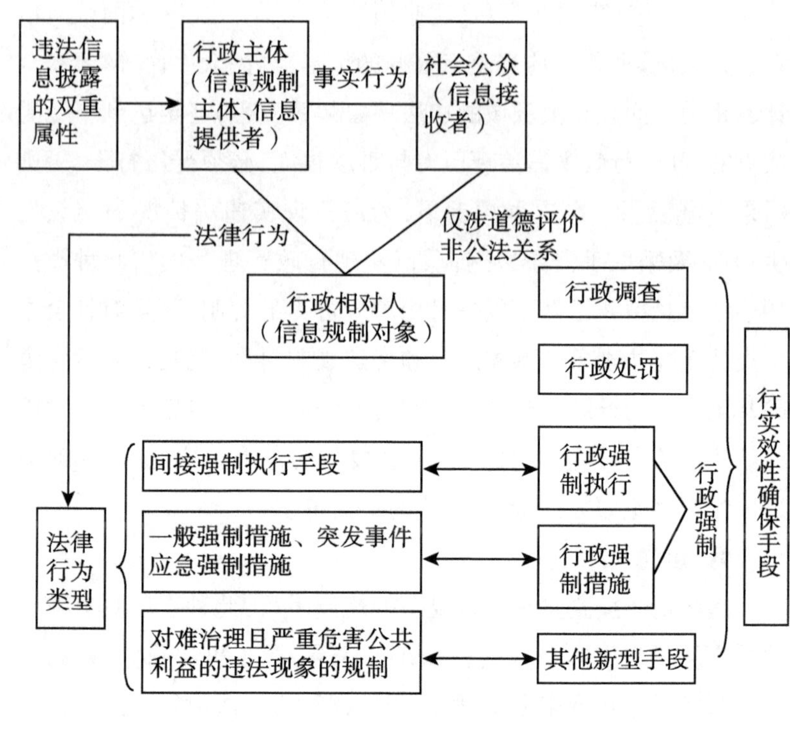

图1 违法信息披露的属性分析

Definition the Property of Illegal Information Disclosure

—Based on the Legal Relationship of Reflection

Ma Youfang

Abstract: In recent years, illegal information disclosure regulation means are highly favored by the executive, and widely used in food and drug safety, medical, production quality and safety field. But the academic regulation means defining attributes blurred, limiting the effect of regulation play, need to purge. Illegal disclosure of information differ from the traditional regulatory instruments with a special internal structure, the tripartite body include: administrative body, the relative people, the public, it contains a variety of legal relationship, legally effect requires the use of the public forces to play, so its nature closely identified the need to discuss internal relations. In the administrative body and the public relations level, illegal information disclosure behavior as a fact; the executive body and the relative level of human relations, illegal information disclosure law was designed to regulate behavior effect. Such legal action from a macro perspective, be considered to ensure the effectiveness of a new means of microscopic perspective approach can be divided according to the purpose of the indirect enforcement, administrative enforcement measures, specific regulatory means lawlessness.

Keywords: illegal information disclosure; fact behavior; legal behavior behavior; effectiveness to ensure that the means

会计信息的软法规制

——以不完全契约理论为视角

郑丽萍*

摘　要：会计信息是各企业契约缔约方相互合意之产物，同时又是一系列基础契约的契约标准，具有契约属性。然而高昂的预见成本、缔约成本以及证实成本，使其逐渐成为不完全契约。以新兴的软法对其进行规制，可部分缓解会计信息产生过程中的有限理性、信息不确定以及机会主义行为。软法规制通过引入多方主体参与，培养自我约束意识，软硬兼施，能够在一定程度上解决硬法的困境，从而降低规制成本，克服双重失灵，最终输出高质量的会计信息。

关键词：不完全契约；会计信息；软法规制

会计信息的质量与投资者的具体决策密切相关，会计信息的失真不但可能影响社会资源有效配置、提高交易成本，甚至可能削弱政府宏观调控政策的效力，干扰社会主义市场经济秩序，因

---

* 西南政法大学经济法学院2014级硕士研究生。

此,研究会计信息法律规制十分必要。理论界对会计信息之所以失真以及如何防止的探讨一直未曾中断,也提出了一些解决措施,但是我国会计信息失真的案件仍然时有发生,会计信息领域的秩序规范问题依然十分严峻。本文试图以不完全契约理论为视角,结合软法这一新兴法律规制方式,以期寻找出能够有效规制会计信息的路径。

一、会计信息的不完全契约属性

(一)会计信息具有显著的契约属性

会计信息可被描述为会计人员或会计系统通过货币计量的方式,记录一个企业在经营、投资和理财等方面的资料,进而反映由此产生的经营业绩及其变化的信息。

会计信息具有契约属性。首先,会计信息是依据企业契约的缔约方相互合意的方式生成的。现实生活中,对会计系统的采纳同样是缔约各方的约定与一致认同,会计信息作为会计系统的最终输出物,其自然属性体现出契约的特征。其次,会计信息可以作为企业基础契约的契约标准,[①]由于会计信息是对相关资产价值的确认和计量,可以有效反映缔约方的贡献、收益情况、资源投入以及公司的经营效率,因此,其可以作为分配契约、债务契约、税收契约等一系列基础契约的契约标准,其社会属性亦体现出契约的特征。总之,契约充实了会计,发展了会计,提高了会计的层次,使经济学、法学、社会学等其他学科的理论可以作为会计的研究基础,[②]因而颇具说服力。

---

① 参见冯萌:《会计契约经济性质及法律规制研究》,复旦大学会计学系 2006 年博士学位论文,第 77 页。

② 参见雷光勇:《会计契约论》,中国财政经济出版社 2004 年版,第 124 页。

(二)会计信息具有鲜明的不完全契约属性

1. 会计信息的预见成本高昂

会计信息是一种“既真实又虚幻的信息”，[①]经营业绩及其变化无法实体感知，但是却又真实存在，会计信息只有通过会计人员或者会计系统的加工处理之后才能具体体现。在所有权与经营权相分离的经济背景中，加之技术手段的日新月异，要想制定出能够真实反映企业经营业绩及其变化的会计信息，不仅需要科学计算各种因素，而且需要及时回应现实生活的各种变化。但当事人由于自身的有限理性，往往无法预见未来所有的可能状态，因此导致不论是企业内部的管理者还是外部的监管者以及投资人、债权人均无法从经济和财务上全面了解企业的实际经营状况和盈亏信息，最终使外部投资者出于风险的考虑而不愿投资，监管机构无法依据信息进行有效监管并防止市场失灵与政府失灵的现象出现。

2. 会计信息的缔约成本高昂

在现代企业治理模式中，会计信息的关联主体逐渐增加，会计信息直接关系经营者、投资者、债权人以及政府等多方利益主体。各利益相关者为了节省交易成本，实现各自利益最大化，在经过多次合作与博弈之后，选择将会计规则的制定权和选择权分别交由在相关领域具有比较优势的政府和经营者手中，而不管是会计规则的制定，还是会计政策的选择都可能影响会计信息的内容。此外，会计信息真伪的甄别工作则交由专业的注册会计师负责，所以此时审计机构、注册会计师亦加入影响会计信息内容的

① 参见葛家澍等:《财务会计定义的经济学解读》，载《会计研究》2013 年第 6 期。

行列。会计信息涉及多类主体，契约方作为企业各种资源的投入者，都希望通过影响企业的决策来实现其自身利益最大化。[①] 由于契约方的立场不同，每一类契约方的利益都可能受到来自其他契约方操纵会计信息的威胁，[②]当事人之间要找到互相没有争议的语言来达成契约并实现自身的利益目标，往往十分困难，成本亦很高。

3. 会计信息的证实成本高昂

真实性是对会计信息质量最基本的要求，[③]高质量的会计信息可以有效避免利润操纵的机会主义行为，维持企业价值的正常和合理变化，实现对各缔约方利益之实质保护，使各利益相关者能够有机会分享企业发展之成果。社会经济的有效运行，要求会计信息必须与其所反映的企业经营业绩的客观变化相符。会计信息的审计不仅包括财务报表的审计，还包括会计信息系统的审计。随着互联网技术的发展，注册会计师不仅要对会计信息系统所输出的数据的真实性、准确性进行验证，还要对会计信息系统自身的合理性和有效性甚至整个会计信息系统的可靠性、安全性进行检验，会计信息的审计不仅需要专业知识，还需要实地调查。因此，会计信息的证实不仅耗费人力物力，而且时间、空间的成本日益高昂。

（三）软法规制对不完全契约的作用机理

第一，主体多元化可以在一定程度上克服契约方的有限理

① 参见孙妮娜、王福胜：《利益相关者参与会计政策选择的进化博弈分析》，载《哈滨工程大学学报》2009 年第 12 期。

② 参见王竹泉：《利益相关者会计行为的分析》，载《会计研究》2003 年第 10 期。

③ 参见李福柱、张玉敏：《探索建立重点企业综合监管制度》，载《中国财经报》2013 年 6 月 29 日，第 5 版。

性,实现会计信息配置的效益最大化。根据科斯第二定理,在交易成本为正的前提下,不同的产权界定会带来不同效率的资源配置。主体的多元化使尽可能多的主体参与产权的界定过程中,各方利益得到较充分的表达,法律规制的内容能够充分考虑各个细节以及社会经济环境的变化,亦更贴近实务与行业特性。同时,多阶段的学习和策略调整的博弈使最终制定的规则代表了各方主体在企业整体战略目标方面的一致性,因此实现集体理性,部分克服个人的不理性。多元化的参与主体集思广益,融合各方知识与经验,有利于实现资源配置的效率最大化。

第二,方式弹性化对缓解不完全契约中的信息不确定性,提供了有效的途径和借鉴。会计信息多种多样,不同的财务会计信息的不确定性对应着不同的风险概率,因此亦应当有不同的处理方法与规制方式。① 法律对会计信息的规制应当针对其不确定性作出合理的判断,并根据这一判断进行合理的处理,从而最大限度地减少财务会计信息的不确定性。软法多样化的表现形式对应建议、标准、指南、行动纲领,相关主体可以根据规制对象之不同而选择合适的规制方式。根据规制目的之不同,有关主体还可方便地筛选信息。

第三,经济民主的贯彻有利于避免机会主义行为,提高法律规制的效率。通过硬法的强制执行在一定程度上可以提高管理者的积极性和努力程度,硬法责任的严格制定亦可威慑管理者,但是这种规制方式无法有效克服"经济人"的过度自利,此时需要引入一种有效的监督机制进行实时防范。经济民主原则引入公

① 参见董惠良:《如何解决财务造假与会计信息不确定性问题》,载《上海商学院学报》2007年第3期。

众参与、共同协商，使规则在制定之初即形成相互制约的关系，这对于克服委托代理关系中，由于所有者缺位而产生的道德风险与逆向选择问题，可以起到预防与抑制的作用，其有效地克服了机会主义，提高了会计信息的客观性。

二、软法规制会计信息的必要性与可行性

（一）会计信息治理中软法规制的必要性

1. 会计信息治理中硬法规制的困境

当今社会，经济全球化的浪潮以及科学技术的日新月异，会计信息造假方式层出不穷，会计信息失真的现象屡禁不止，硬法在会计信息治理中捉襟见肘。在一个充满不确定性、多元利益关系冲突频繁、信息不完全的现代社会，仅仅依靠硬法不足以满足人们对规则的依赖、秩序的需求和正义的渴望。尤其当部分硬法束之高阁而软法又普遍地游离于法治之外时，法律至上的权威就不得不大打折扣。①

第一，硬法的强制执行性难以有效实现法律规制的目标。法律的作用对象为有意识的人，单纯的强制执行并不能保证法律目标的完全实现。正如美国法学家伯尔曼的名言所述："法律必须被信仰，否则形同虚设。"一个国家的法律想要真正发挥作用，除了必要的强制力以外，更需要的是民众的内心认同。会计信息的规制倚重硬法，以强制执行作为执法的主要手段，不仅会耗费大量的人力、物力用于执法，而且产生的对于执法者自身如何监督的问题同样严峻。

第二，硬法的稳定性难以及时回应复杂的现实生活。为了维

① 参见张文显：《建设中国特色社会主义法治体系》，载《法学研究》2014 年第 6 期。

护硬法的安定性、权威性以及可预见性，硬法一旦以特定的程序颁布实施之后，非经特殊事项和特殊程序，不得随意修改与废止。然而，现实生活瞬息万变，新的科学技术与新型资产形式不断涌现，会计信息的真实性急需相应的规则体系与时俱进，适时作出调整。硬法确实往往陷入无法及时回应现实生活需要的困境之中，其在会计信息治理领域中的滞后性与日俱增。

2. 会计信息治理中软法规制对硬法困境的克服

第一，软法规制，可以有效填补会计信息治理中硬法规范未规定之空缺。在硬法没有规定的地方，软法可以尝试予以规制，此时软法的规制具有试错的功能，为日后硬法的制定与实施提供经验。例如，对于商誉价值的计算刚开始只是会计惯例，待时机成熟之后，才于 2006 年 2 月 15 日颁布《企业会计准则》，对商誉的会计处理有了明确的硬法规范。

第二，软法制定过程中的多元主体博弈，使软法的遵守有了一定的保障。硬法虽然也注重民主参与，但其毕竟不是直接民主的产物，只是一些代表的智慧。普通公众的利益诉求难以充分表达，而软法由于制定与实施主体的广泛多样性、运行环境的开放与协商性、激励机制与利益诱导的恰当使用使其在制定与实施时更容易获得民众的内心认同与普遍遵守。

第三，软法规制，可以针对现实环境的变化积极作出回应。软法的制定主体的多元性与平等性使其能有效反映民意，其调整范围的广阔性与细腻性使其能全面反映生活，其制定程序的灵活性与开放性使其能及时应对各种新事物。软法规制自身的特性，使其具备根据现实环境积极进行回应的条件。

(二)会计信息治理软法规制的可行性

在会计信息治理中引入软法规制,放弃传统的单纯依靠国家强制力规范会计信息的模式,充分发挥政府干预、企业自律、社会监督这三种不同机制的作用,用以推动政府、企业与社会三者之间的良性互动,最终实现会计信息治理的多元共治、协商合作的治理模式,从而降低规制成本,克服双重失灵。

1. 降低规制成本

法律亦是一种社会公共产品,在其具体制定与运行过程中需要充分衡量其成本问题。我国正处于社会主义初级阶段,法治建设更需考虑如何实现效益的最大化。软法的普遍兴起,能够从正反两个方面推动社会交易费用的节减,降低法治与社会的发展成本。[①] 一般认为,一国的法治成本不但包括立法成本,还包含法律的实施成本。[②] 会计信息治理的成本包括其在立法、执法、司法、守法等法律运行的各个环节中的成本投入。软法规制因其主体的多元化、创设过程的协商性、实施方式的多样化等特征,可以由社会组织分担一部分立法任务,简单灵活的制定程序又能节省时间和经济成本,民众的高度遵守还可以节约守法成本,自我约束、自我监督更是大大减少执法资源、司法资源的投入。软法规制可以有效降低法治成本,以较少的成本换取较大的收益。

2. 克服双重失灵

市场作为一种资源配置方式,其本身存在诸多市场缺陷,市

① 参见罗豪才、宋功德:《认真对待软法——公域软法的一般理论及其中国实践》,载《中国法学》2006 年第 2 期。

② 参见王海峰:《论法治成本——兼析中国转型期法治的阶段性高成本》,载《江淮论坛》2007 年第 4 期。

场不完全、市场不普遍、信息失灵、负外部性、公共产品供应不足、经济周期均为市场失灵的表现形式。[①] 政府干预既可能克服市场失灵,亦可能带来运行效率低下、过度干预、不受产权约束、公共产品供应不足、预算分配偏离实际需要以及权力寻租等政府失灵的情况,[②]毕竟作为政府执行载体的人也是有限理性之主体,其政府主体在干预市场失灵时很可能将个人利益凌驾于社会公共利益上,从而无法保证其对政府意志完全遵从。[③] 在会计信息的规制中引入软法可在一定程度上克服双重失灵:软法规制可以加强行业自律以及市场主体的自律,维持市场主体之间的良性竞争,从而尽可能规避市场竞争所造成的负外部性。同时,软法规制能够通过行业协会等第三方主体的加入而有效解决信息不对称的问题。此外,软法规制亦在一定程度上能有效防范政府失灵,如社会自治组织可以在政府由于各种主客观原因而造成其供应的公共产品不足的情况时替代性地提供部分公共产品,以社会公益为导向的社会组织在政府干预市场失灵并偏离其既定目标时,可以及时对其作出提示与建议。

三、会计信息治理中软法规制的构建

(一)树立软法规制会计信息的先进理念

1. 培养社会主体的软法规制的意识

高质量的会计信息的实现可以分为强制实现和自我实现两种基本途径:前者实际上是一种法律途径;后者依赖于会计信息及其参与方自我约束来自动实现,不需要外界力量的直接参与。

---

① 参见李昌麒:《经济法学》,法律出版社2008年版,第34~37页。

② 同上书,第37~38页。

③ 参见胡光志:《人性经济法论》,法律出版社2010年版,第139~147页。

出于节约成本、提高效率、维护企业的人和性等因素的考虑,高质量会计信息的实现应该更多地依赖各契约方的履行行为而自动实现,法律途径仅起辅助性的作用。软法规制意识的培养可在督促相关主体主动了解、运用软法的同时,促进高质量会计信息的自我实现。相关主体诸如利益相关人、债权人等基于法律信仰而主动履行义务。

在会计信息的软法规制中,政府部门亦可树立起相关的政府观念,督促会计信息真实性的自我实现,减少法律的强制执行以及政府的直接干预。会计信息治理过程当中存在的很多问题需要引入政府的力量,但政府的干预应该被严格控制在市场需要的界限之内,仅仅限于市场无法自身解决的领域,也就是市场失灵领域,且这种导致失灵的缺陷是可修复的,通过政府干预最后得到的效益,也是较之其他手段所能达到更好的效果才建议政府主动干预。多方主体共同努力推动高质量会计信息的自我实现,有效规避对会计信息的第三方证实,从而降低证实成本。

2. 建立软硬结合的会计信息规制体系

推动软法规制与硬法规制的结合,适应会计信息的动态调整,降低缔约成本。软法与硬法虽然在名称上对立,但两者实际上是辩证统一的有机体,软法之所以能与硬法相互结合,是因为两者均为法,在逻辑方面相辅相成,在功能方面优势互补,在规范方面亦可实现相互转化。软法的模糊性使其能及时回应现实环境的具体变化,适时调整会计信息的法律规制,但是同时亦导致在实践中会计信息是否可能违反法律的规制很难通过一纸明文予以认定;软法的非强制性容易树立法律信仰,但同时亦可能滋生冒险主义。换言之,单纯在会计信息治理中适用软法可能会导致约束无力，从而滋生违反会计信息法律规制的风险；而硬法基于明确性和确定性的要求，在具体制裁中具有可预见性与威慑性的独特优势。

我们应当以《中华人民共和国会计法》《企业会计准则》等全国性规范会计信息的硬法指导软法的制定和实施。软法的运行不可超出硬法的规定，在软法不断成熟的基础上，可以将其上升为全国性的硬法措施，从而形成一个硬法指导软法、软法促进硬法发展的理想路径。[①] 完善的法律规制体系，能够减少信息的不确定性，从而降低缔约成本。

（二）构建软法规制会计信息的科学机制

1. 保障会计信息软法制定主体的多元化

引入多方主体参与会计信息的软法规制，有效克服其中的有限理性及机会主义，降低预见成本。会计信息涉及的主体包括股东、企业管理层、企业员工、债权人以及政府，等等，即与企业有密切联系的所有利益相关者。会计信息的产生和发布，又受到公司监事会以及公司外部会计师事务所等第三方机构以及政府的监督，因此，在会计信息的软法规制中应充分考虑利益相关者、监事会、会计师事务所及政府的监控力度和影响。此外，对于企业员工，鉴于其人数众多而且意见相对分散，可以将其作为社会公众的部分代表考虑其中，或许能使会计信息的分析更客观、充分。

上述多方主体之间的利益博弈，可以充分表达各自的利益诉求。综合考虑实践环境，实现集体理性；同时，共同参与可以融合不同领域契约方的知识背景和经验，避免因为信息单一化而带来

① 参见黄茂钦、葛晓库：《政府投资行为的软法规制研究》，载《经济法论坛》2013 年第 1 期。

的信息失灵。同时,社会监督还可以预防和抑制对道德风险、逆向选择、“搭便车”、“敲竹杠”等机会主义行为,降低预见成本。

2. 确保会计信息软法制定程序的公正化

建立制度化、常态化的磋商机制,实现会计信息软法制定程序的公正化与规范化。磋商机制可以联系各利益主体,形成会计信息规制的创新性平台,在股东、企业管理层、企业员工、债权人以及政府等各方主体之间形成一种反思性、制度化的学习与交流机制。磋商机制的常态化可以有效促进会计信息规制主体的广泛参与,同时提高会计信息规制的透明度,增加政府与市场之间的互动,从而实现会计信息规制的正当性并增加各方主体的参与度与接受度。

因此,在会计信息的软法制定程序方面,应当坚持以公开性与协商性为原则,以充分对话与多方互动为重点,确保各方主体均能较充分地发表自己的看法与意见,尊重各个利益主体的意志表达过程,保证最后通过的规制会计信息的软法真正体现股东、企业管理层、企业员工、债权人以及政府等各方主体的共同利益。此外,在会计信息软法制定的过程中还应当合理安排,确保各方利益主体在充分发表看法、表达意志之后,相互之间可以充分沟通与良好协商,力图实现个人利益、集体利益与社会利益的最大化。

3. 建立独立的软法争议解决机制

构建软法纠纷解决机制,引入独立的第三方主体是实现会计信息软法规制的重要保障。无论是仲裁还是集团诉讼,对于会计信息的受害者而言,均存在着不同程度的时间成本或资金成本过高的问题,建立高效、便利的非诉争端解决机制是契合当代权利保护的有效解决途径。故建立独立的软法纠纷解决机制作为会计信息进入诉讼程序的前置性程序，不但可以快速便捷地解决纠纷，而且是实现软法执行公正性的必然选择。

此外，在建立软法纠纷解决机制时可以考虑引入第三方主体，就纠纷进行较独立的裁判。在具体成员选择方面应当充分考虑专业背景，广泛纳入各利益主体参与，具体包括股东、企业管理层、企业员工、债权人以及政府等各方主体。每位成员应当是以独立的个体身份参与其中的，并不代表着软法规范制定的任何一方，例如，瑞典国内的市场道德理事会则是根据既有的软法规范独立调查并调解纠纷，借助行政权威，柔性地解决争议与纠纷，有效化解矛盾与冲突。

Soft Law Regulation of Accounting Information

—From the Perspective of Incomplete Contract Theory

Zheng Liping

Abstract: Accounting information is enterprise contract which is mutually desirable products of all parties. At the same time, it is the standard of a series of basic contract. So it has the character of contract. However, high predicted costs, contracted costs and confirmed cost make it an incomplete contract. The regulation of the new soft law can partly alleviate the limited rationality, information uncertainty and opportunism behavior in the process of accounting information production. Through the regulation of multi subject participation, the cultivation the awareness of self-discipline, soft law can solve the plight of hard law in a certain extent, thereby reduces the cost of regulation, overcomes the double failure, outputs the high quality of accounting informationfinaliy.

Keywords: incomplete contract; accounting information; soft law regulation

借卡恶意透支行为的定性研究

付　倩*

摘　要:借卡恶意透支行为较之已入刑的传统恶意透支行为,对法益的侵害更加明显、社会危害性更大,理应受到刑法的规制,但借卡行为所导致的主客观方面的变异,使对该行为的规制似乎处于一种“无法可依”的状态,并由此导致对其定性的较大争议。而究其根本,该争议实则源于对法律规定的理解误区。故要化解该争议,需在对所涉法律规定焦点正确理解的基础上,对不同案件类型中合法出卡人、实际用卡人的行为定性分别作出判断,而不应当“一刀切”。

关键词:恶意透支;持卡人;非法占有目的;催收冒用

近年来,借卡恶意透支行为正以迅猛趋势渗透入我国信用卡业务实践,严重影响了我国信用卡管理运营秩序和金融

---

* 西南政法大学法学院2015级刑法学硕士研究生。

本文系2016年重庆市科研创新项目“学理解释怎能共识为判案根据”(批准号:CYS16096);西南政法大学2016年学生科研创新计划项目“借卡恶意透支行为的定性研究”(批准号:2016XZXS－026)的阶段性成果。

安全稳定。而借卡行为的存在，使其较之传统恶意透支而言，在主客观方面已发生变异。对该行为的规制似乎面临着“无法可依”的状态，进而造成了理论和实践中定性的混乱，严重影响了个案公正，并对罪刑法定原则产生冲击，因此，有必要对借卡恶意透支行为定性问题予以厘清，以期对理论和实践有所助益。

一、借卡恶意透支行为定性问题考察

实践中借卡恶意透支行为的频发及定性的混乱，引起理论和实务界越来越高的关注。根据我国《信用卡业务管理办法》第 36 条规定，持卡人不得出租或转借信用卡及其账户。但随着信用卡办卡成本的减少及社会大众观念的更新，实践中完全忽视将卡外借所带来的风险而将信用卡外借的行为却屡见不鲜，持卡人将卡外借导致最终无法对他人透支款项还本付息的情形也越来越频发。① 但理论和实务界对该行为的定性却相当混乱：有的认为案件所涉行为人无须刑法的规制，一律按照民事债务处理即可；②有的认为行为人双方具有共同的故意，且客观上也有实行行为的存在，故双方构成共同犯罪；③有的认为只能以刑法规制合法持卡

① 使用他人信用卡恶意透支的情况大体可分为以下三种：(1)在共同犯罪中，共谋以一人名义领取信用卡，并交由另一人使用并恶意透支，共享收益；(2)通过盗窃、诈骗、抢夺、抢劫等非法手段获得他人信用卡并恶意透支的情况；(3)鉴于特殊关系，如父母子女、男女朋友、兄弟姐妹或合作伙伴、债权债务等关系，一人通过借用的方式获得他人信用卡并透支的情况。本文着重讨论的是第三种情形下的行为人定性问题。

② 参见黄宁：《借卡恶意透支不宜按犯罪处理》，载《检察日报》2014 年 8 月 6 日，第 3 版。

③ 参见孙丽虹、王莉：《转借信用卡被恶意透支应认定为共犯》，载《检察日报》2013 年 9 月 25 日，第 3 版。

人;有的则认为被规制对象应为实际用卡人。①

面对如此混乱的定性,首先要解决的问题是,借卡恶意透支行为是否需要刑法的规制？一般来说,犯罪是具备了犯罪成立的全部要件的行为,但犯罪的本质是法益侵害,在此意义上说,只要是侵犯了法益的行为,就具备了犯罪的本质。② 那么,若相较已经入刑的传统恶意透支,借卡恶意透支侵害了更大的法益。因为"举轻以明重",借卡恶意透支则更应当受到刑法的规制。具体来说,《中华人民共和国刑法》(以下简称《刑法》)第 196 条第 1 款第 4 项将"恶意透支"作为信用卡诈骗罪的行为类型之一,即我国刑法对传统恶意透支行为是有所规制的。笔者认为,这是合理的,原因在于在"非法占有目的"引导下的恶意透支行为,不仅损害了个人及银行的利益,破坏了信用卡正常的管理运营秩序,而且可能对国家金融安全造成威胁,具有极大的社会危害性,已经到了不得不用刑法予以调整的地步,同时这也是与我国现阶段的信用卡管理状况相适应的,是符合罪刑法定原则对犯罪圈划定的要求的。而较之传统恶意透支行为,在此基础上变异发展的借卡恶意透支行为在法益侵害、社会危害性方面可以说是"有过之而无不及",其不仅对财产法益有所侵害,对信用卡管理秩序及金融管理秩序的破坏更严重,查处并遏制该行为所需动用的司法资源

① 通过对该类案件法院所作判决的检索分析,发现即使案情类似的案件,判决情况却截然不同。例如,对合法持卡人作出判决的有:上海市黄浦区人民法院审理的"何某申领信用卡并交给丈夫高某使用案",案号:(2013)浦刑初字第 860 号;上海市闸北区人民法院审理的"周某某申领信用卡并交给继父陆某某透支使用案",案号:(2015)闸刑初字第 229 号等。对实际用卡人作出判决的有:福建省厦门市思明区人民法院审理的"白某某使用其妻信用卡透支案",案号:(2013)思刑初字第 926 号;上海市静安区人民法院审理的"范某某借用他人信用卡恶意透支案",案号:(2012)静刑初字第 242 号,等等。

② 参见张明楷:《刑法学》,法律出版社 2011 年版,第 92 页。

亦更多。因此,对于法益侵害更加明显、社会危害性更大的借卡恶意透支行为,在理论上更应受到刑法的规制。

尽管借卡恶意透支行为理论上需要刑法的规制,但也必须承认刑法规制漏洞的存在。因此,要对行为进行刑法上的规制,必须建立在刑法有明文规定的基础上,这是罪刑法定原则的基本要求和体现。显然,借卡恶意透支行为,不属于传统"恶意透支"。所谓"恶意透支",根据现行《刑法》第196条第2款的规定,是指"持卡人以非法占有为目的,超过规定限额或者规定期限透支,并且经发卡银行催收后仍不归还的行为"。对此,2009年最高人民法院、最高人民检察院发布的《关于办理妨害信用卡管理刑事案件具体应用法律若干问题的解释》(以下简称《解释》)第6条对其作了进一步细化规定,具体为对"催收"次数和"不归还"期限作了具体规定:前者为"发卡银行两次催收",后者为"催收后超过3个月仍不归还"。然而,以上立法及解释都未将借卡恶意透支行为明确规制在内。那么,这是否意味着刑法对该问题的规制没有法律明文规定呢?笔者认为并非如此,理论及实践中对该行为定性混乱,甚至认为该行为的定性面临"无法可依"境地的根本缘由在于对其中所涉法律规定焦点理解不正确,且没有对案件类型进行正确的分类和探讨。

在对借卡恶意透支行为是否需要刑法规制作出肯定回答的基础上,完成通过刑法规范和案件事实相互对应以实现"法律符合性评价"的定性过程,不可避免地要先回答如下问题:实际用卡人通过借用方式,从与银行有正常民事关系的合法持卡人处获得信用卡并透支,但其本身与银行之间却无合法的民事关系支撑,这种情形下的实际用卡人是否属于"持卡人"的范畴?合法持卡人在银行催收后，基于客观原因确实无法对透支款项还本付息时，能否认定其对透支款项具有“非法占有目的”，即“非法占有目的”认定的时间点应集中在透支行为发生之时，还是扩展到催收之时甚至之后？此外，合法持卡人将卡借与实际用卡人使用的行为，是否表明其对于接下来的所有用卡行为都存在放任甚至希望的态度，两者是否必然构成共同犯罪？如果不是，又要以何种标准认定实际用卡人的用卡行为是否超出了合法持卡人的意志范围呢？

二、借卡恶意透支行为定性法律规定焦点解析

从根本上来说，案件的定性过程实质上是法律符合性的过程，即所谓规范成为“符合存在的”，案件成为“符合规范的”过程。[①] 在此碰撞的过程中，与定性相关的案件事实会着重凸显，同时，与案件事实紧密关联的法律焦点也会予以显现。只有把握住这些焦点，对此加以明晰，才可能实现案件的正确定性。本文在考虑借卡恶意透支案件事实的特殊性和理论实践对其定性观点主要争议点的基础上，着重对以下法律规定焦点予以阐释。

（一）法律规定焦点解析一：“持卡人”

借卡恶意透支较之传统恶意透支，最主要的定性困难来源于涉案主体的增加以及主体间的身份错位导致主客观方面认定困难。根据《刑法》规定，“恶意透支”的行为主体为“持卡人”，但对于借用他人信用卡使用的实际用卡人是否属于“持卡人”的范畴却未能明确，因此，有必要首先对“持卡人”范围予以明晰。

首先，催收必要性及催收对象决定了“持卡人”只能是合法持

---

① 参见［德］亚图·考夫曼：《法律哲学》，刘幸义等译，台北，五南图书出版有限公司2000年版，第237页。

卡人。关于“催收不还”是否是认定“恶意透支”的必备要件,理论上及实践中仍存在诸多争议,主要集中在“催收不还”与“非法占有目的”的关系问题上,有观点认为两者都是构成“恶意透支”必不可少的要件;[①]有观点认为,如果确有充分证据证明持卡人主观上以非法占有涉案财物为目的,那么即使没有“催收不还”的客观事实存在,也应当认定为“恶意透支”;[②]还有观点认为,“催收不还”实际上是“非法占有目的”的推定事由之一。[③] 笔者认为,第二种观点站在降低银行风险的角度上,忽视了催收的必要性。对于银行而言,高收益与高风险并存,我们不能在允许银行对持卡人的透支行为科以重息的情况下,连银行基本的催收义务也予以免除,并放任这样的权利义务配置可能由于持卡人无心之失而遭受严厉处罚的后果。相反正是“催收不还”行为的存在使透支行为发生质变,使不确定的金融风险转变为确定的债权债务关系,对这种确定关系的标的——财产权的侵犯,则是刑罚发动之源。[④]第三种观点则过于强调“催收不还”的重要性,甚至忽视“非法占有目的”认定的特殊性,导致“非法占有目的”名存实亡,且不符合刑法主客观相统一的原则。因此,笔者赞成第一种观点。从立法方面看,法条在对“恶意透支”界定时,在“非法占有目的”和“催收不还”之间使用了“并且”一词,即有并列之意;而在《解释》规定对“非法占有目的”认定的六种情形中,并没有“催收不还”的规定,即“催收不还”作为认定“非法占有目的”的充分条件,可谓法

① 参见刘伟:《恶意透支型信用卡诈骗罪非法占有目的司法认定的基本问题》,载《湖北社会科学》2011 年第 10 期。

② 参见曲新久:《恶意透支之信用卡诈骗罪的认定》,载《人民公安》2002 年第 4 期。

③ 参见肖晚祥:《恶意透支型信用卡诈骗罪认定中的新问题》,载《法学》2011 年第 6 期。

④ 参见侯放:《信用证信用卡犯罪问题研究》,法律出版社 2005 年版,第 197 页。

无明文；且《解释》第6条作为《刑法》第196条的细化规定，在催收次数和不归还期限方面都对“恶意透支”的认定采取了更严格的条件，表明了限制刑罚适用的态度。从实质效果上来看，刑法对金融机构的过度保护反而容易使金融机构产生优越感，一味地认为诈骗损失是客户的责任，而对自己的行为不予反思和改进，这种过于放任金融机构的行为，并不利于从根本上防治金融诈骗损失的发生。[①] 因此，无论是从立法还是从实践效果出发，“催收不还”对于“恶意透支”的认定都是必不可少的。

在此基础上，对“持卡人”范围的界定就必须考虑催收对象的问题。从应然角度来讲，银行的催收对象应当是与银行建立合同关系并有业务往来的合法持卡人，这是银行的义务所在。当然，实践中银行为了能够收回透支款项，有可能也会对其他人进行催收，但这种催收只是银行的权利，而非其义务所在。若将合法持卡人和实际用卡人都划入“持卡人”的范畴，则银行催收义务所针对的对象也必然是两者，即必须对两者都进行保质保量的催收后，才能进行下一步的认定，这无疑在一定程度上鼓励了这种信用卡外借的行为，减少了透支所带来的风险，而增加了信用卡行业原本的脆弱与不稳定性。也就是说，银行具有法定催收义务的对象仅限合法持卡人，而“催收不还”是认定“恶意透支”的必备要件，因此，“恶意透支”行为主体“持卡人”只能是合法持卡人。

其次，“持卡人”的范围应当考虑民众预测可能性以及与其他法律法规的衔接问题，而这并非“刑法从属性”的体现。“市场经济是建立在信用关系之上的经济，而现在金融业就是信用关系高

① 参见高艳东：《金融诈骗罪立法定位与价值取向探析》，载《现代法学》2003年第3期。

度发展的产物。信用体系可以比作市场经济的神经,是经济交往主体之间的联系纽带。"[①]信用卡的发放与运行、透支功能与额度等情况都是建立在合法持卡人的信用状况基础上的,是有一系列合同作为支撑的,而非仅仅谁"持有"信用卡,谁就是"持卡人",这是符合民众预测可能性的。此外,《信用卡业务管理办法》第36条明确规定,信用卡仅限合法持卡人本人使用,持卡人不得出租或转借账户。此处的"持卡人"自然是指合法持卡人。有观点认为,"刑法规范具有独立性,而不仅是其他法律的制裁措施,当一个法律规范因制定了刑事制裁而成为刑法规范时,它就与其他刑法规范结成一个整体,该规范的适用对象和范围,都要随刑法特有的性质和需要发生变化"。[②] 笔者同意这种观点,但这并不意味着将刑法完全孤立起来,更不是为了显现刑法的独立性而故意与其他法律法规选择相悖,不具有合理性、不符合国民预测可能性的"性质和需要"实质上是类推的借口,是为罪刑法定原则所禁止的。因此,在确定"持卡人"范围时,应考虑与我国信用卡管理法律法规的衔接问题,不能为了过分追求刑法的"独立性"而忽视了我国信用卡行业的有序管理,这也是刑法设立应有之意。

最后,实际用卡人属于"持卡人"结论的得出,实质上是在维护有罪结论的基础上寻求法律依据,其推演逻辑是值得商榷的。考虑实际用卡人的借卡恶意透支行为触犯了国家的金融管理秩序、他人的财产权益等值得刑法保护的利益,且行为人主观上确实有非法占有透支款项的故意,客观上也实施了透支行为,故可

① 王爱俭、孟昊:《建立我国个人信用制度对策研究》,载《经济学动态》2001年第2期。

② [意]杜里奥、帕多瓦尼:《意大利刑法学原理》,陈忠林译,法律出版社1998年版,第2~3页。

认定为"恶意透支"，然后反推实际用卡人属于"恶意透支"行为主体"持卡人"范畴，通过此种循环论证的方式得出的结论很难说是符合罪刑法定原则的。综上分析，"恶意透支"行为主体"持卡人"仅指合法持卡人。

（二）法律规定焦点解析二："非法占有目的"

"非法占有目的"是区分民事违约行为和"恶意透支"的关键，是认定透支行为是否构成犯罪的重点和难点。透支行为对于刺激消费、促进商品流通乃至刺激市场经济发展都有积极作用，是被法律所支持和鼓励的。即使是由于自然灾害、经营投资失败等原因所导致不能还款的民事违约行为，也在银行所应承担的高风险之列。但"非法占有目的"主导下的恶意透支行为与民事违约行为性质完全不同，其不仅对个人及银行的利益造成损害，还会对正常的信用卡管理运营秩序和金融安全造成破坏，已经到了国家不得不以刑法规制的方式对此予以否定的程度。本文主要讨论与借卡恶意透支行为关联度较大的"非法占有目的"的占有指向问题、司法认定问题以及形成时间问题。

"非法占有目的"的占有指向，既包括行为人为自己非法占有为目的，也包括行为人为第三人非法占有为目的。"非法占有目的"是指排除权利人的占有，将他人的财物作为自己的所有物，并遵从财物可能具有的用途对其进行利用处分的目的，即"非法占有目的"包括排除意思和利用意思两个方面。犯罪的本质是侵犯法益，定罪和量刑从根本上考虑的是对法益的侵犯程度，当行为人是否获得利益与行为人是否侵犯法益相冲突时，司法人员需要关注的是是否侵犯了法益，进而作出相应的定性判断。而无论是为自己占有还是为第三人占有，对他人财产法益的侵害事实并没有改变,他人遭受损失程度也是一样的。[①] 因此,这种占有对象的区别并不否认"非法占有目的"存在的事实。

"非法占有目的"作为行为人的主观要素,要单纯对其作出认定可谓难度较大,故必须以事实为基础,结合行为人的客观表现综合认定。为了使这一过程更加简便、快捷,《解释》第 6 条在总结司法实践经验的基础上,以不完全列举的方式对何种情形可推定行为人具有"非法占有目的"作出了规定。这种由果溯因的思维方式具有较大的合理性,但也存在一定的缺陷,即在使行为人主观认定更加外在、直观的同时却也容易贪图捷径而陷入客观归责的误区,原因就在于"非法占有目的"的存在,仅仅是透支金额未返还的充分条件而非必要条件,即导致透支金额不能返还的情形并不限于"非法占有目的"统领下的恶意透支行为,也可能是某些客观原因所致。[②] 此外,《解释》第 6 条所规定的六种客观认定情形仍存在不明确之处,例如第 1 款"明知没有还款能力而大量透支,无法归还的"中"明知没有还款能力"如何界定?本款作为"非法占有目的"认定的客观形式应当是外在、直观的,但是此款中所包含的"明知"又涉及行为人主观方面的认定,并没有减少对"非法占有目的"认定的难度。另外,对"还款能力"的界定也相对比较抽象,如果仅从行为人是否具有固定生活来源以期按时偿还透支金额来判断行为人是否具有还款能力显得十分机械,如无固定生活来源的持卡人利用所办信用卡肆意消费、大量透支而毫无计划性和目的性,将其认定为"明知没有还款能力而大量透支"是没有疑问的;但若是同样的主体利用透支资金投资于某项回报丰

① 参见张明楷:《论财产罪的非法占有目的》,载《法商研究》2005 年第 5 期。

② 参见刘宪权:《金融犯罪刑法学专论》,北京大学出版社 2010 年版,第 470 ~473 页。

厚的经营行为，最终因客观原因经营失败导致无法按期还本付息，这种情形是否也应当作出同种认定？这在理论上是存在争议的，而司法实践中往往倾向于“或然性结果评价标准”，即以或然性的结果为依据反推行为人行为时的状态，在此处即表现为不考虑导致不能还款原因的多样性，仅仅依靠没有固定生活来源的持卡人没有在规定期限内还本付息的结果，推导出持卡人“明知没有还款能力”，这种评价方式恐怕是一种“事后价值倾向性评价”，①是不符合刑法确定性要求、违反罪刑法定原则的。因此，对“非法占有目的”认定时应综合全案的情况，充分考虑行为人实施行为的动机和背景、占有财产的具体情节和手段、对财产的处置情况，结合案件的起因、结果综合判断行为人“非法占有目的”的有无，不能仅仅从行为人“经发卡银行两次催收后超过 3 个月不归还”，就认定行为人具有“非法占有目的”。

根据主客观相统一原则，“非法占有目的”的形成存续时间必然是在行为时，那此处的行为是否可一直延续至“催收不还”之时呢？犯罪作为一种主观支配下的客观法益侵害行为，从根本上来说，是主观意志决定着客观行为的发生发展的，如果行为人在行为的当时没有“非法占有目的”，而是在事后才产生此目的，则不能认为行为人具有金融诈骗罪的犯罪目的。② 当然，从表面上来看，“催收不还”行为的发生是导致恶意透支案发生的重要原因，且认定恶意透支也必须有“催收不还”行为的存在；但从根本上

① 参见刘宪权、庄绪龙：《“恶意透支”型信用卡诈骗罪若干问题研究——兼评“两高”〈关于办理妨害信用卡管理刑事案件问题的解释〉之有关内容》，载《当代法学》2011 年第 1 期。

② 参见赵秉志：《论金融诈骗罪的概念和构成特征》，载《国家检察官学院学报》2001 年第 1 期。

看,“催收不还”行为的发生是由引导透支行为发生的主观因素“非法占有目的”所注定的,“催收不还”只是导致重新审视透支行为是善意还是恶意的导火索而已。相反,即使有“催收不还”行为的存在也并不一定表明行为人对透支款项具有“非法占有目的”,而若将“非法占有目的”形成存续时间扩展到催收之时,在“催收不还”的情形下则必然认定存在对透支款项的“非法占有目的”,此种做法实则将“催收不还”认定为行为人具有“非法占有目的”的充分条件,实际上使“非法占有目的”形同虚设,违背了主客观相统一的原则。综上分析,考察行为人是否具有“非法占有目的”的时间点,应当在透支行为发生之时,而不应当扩展到“催收不还”之时。

(三)法律规定焦点解析三:“冒用”

《刑法》第196条第1款第3项将“冒用他人信用卡”规定为信用卡诈骗罪的一种表现形式,尽管《解释》第5条第2款以列举的方式对“冒用他人信用卡”的几种情形作出了规定,[①]但都未对何为“冒用”做进一步的解释说明。在这种没有统一而可适用标准的情况下,《解释》第5条第4款所规定的“其他冒用他人信用卡的情形”,就陷入一种适用混乱的僵局。从文义解释角度出发,“冒用”有“冒充使用”的意思,结合对《解释》第5条规定的前三种情形的分析可知,“冒用”从两个角度出发实则存在两方面意思:一方面,“冒用”表明用卡人违背合法持卡人的意志而使用其信用卡;另一方面,则表明银行因此而陷入了错误认识。那么,通

① “冒用他人信用卡”包括以下情形:(1)拾得他人信用卡并使用的;(2)骗取他人信用卡并使用的;(3)窃取、收买、骗取或者以其他非法方法获得他人的信用卡信息资料,并通过互联网、通讯终端等使用的;(4)其他冒用他人信用卡的情形。

过合法借用手段获得他人信用卡并使用,是否可能成立“冒用”呢?是否“不管是狭义的信用卡还是借记卡,得到合法持卡人的允许而使用的,虽违反了信用卡管理秩序,但是由于行为人没有诈骗罪的故意与非法占有目的,不可能成立信用卡诈骗罪”呢?[①]

笔者认为,尽管实际用卡人是通过合法借用手段获得他人信用卡,但是其使用行为也可能构成“冒用”。一方面,此处他人的意志是一种具体的意志,是有一定的范围和边界的,是否违反持卡人意志的考量因素不仅包括信用卡的获得方式是否违反持卡人意志这一宽泛的标准,更应当对用卡行为的细节进行考量。即使是通过合法手段获得他人信用卡,但在信用卡的使用与持卡人所具体划定的用卡边界不相符时,也应当认定为违背了持卡人的意志。另一方面,超出合法持卡人所划定用卡边界的用卡行为,实际上已经导致银行陷入错误认识。在这一多重民事关系支撑的行为中,若实际用卡人在持卡人的授权范围内正常使用信用卡,由于授权行为的存在,实际用卡人实际上相当于持卡人的代理人,则银行对交易对象和责任承担对象是没有错误认识的,用卡行为并无诈骗性质。但当实际用卡人违背了持卡人意志,超出持卡人授权部分,持卡人只能以自己身份与银行进行交易,而银行此时借助信用卡媒介仍然认为交易对象是合法持卡人,即银行对交易对象陷入了错误认识而实施了处分财产的行为。[②] 综上所述,实际用卡人针对超出合法持卡人所划定用卡边界的用卡行

① 参见张明楷:《诈骗罪与金融诈骗罪研究》,清华大学出版社2006年版,第660~665页。

② 由于民事上的合同关系,实际用卡人透支的款项最后也应当由合法持卡人予以归还,因此,从根本上来看,银行所处分的财产并非是银行的财产而是合法持卡人的财产。在这种银行作为受骗人,合法持卡人作为受害人的情形下,实际上是存在一种三角诈骗的关系。

为，具体来说就是超出两人约定数额的部分是可能成立“冒用”的。可能有人会提出疑问，若实际用卡人只有一个用卡行为，那么该一行为能否被认定具有两个相互矛盾的性质呢？从生活行为出发，这种矛盾的性质并非集中于同一行为的同一时间点，而是有一个发展过程的，具体表现在用卡数额的增加。可能在生活中这个行为经历的时间很短，短到无法区分合法与非法的临界点，但是作为一种法律上探究，将其拟制并非不可，将思维中的行为发展映射到用卡结果上，通过数额的划分对用卡行为性质作出区分的是可行的，也是合理的。

三、借卡恶意透支行为分类定性处理

借卡行为的存在是借卡恶意透支行为最特殊之处，也是导致其定性困难的关键。因此，对该行为定性时不应当忽略借卡行为的存在，相反，应当在考虑借卡恶意透支行为所涉法律规定焦点的基础上，以借卡行为中合法持卡人是否对实际用卡人的用卡行为划定具体边界为标准，[①]对此类案件分类定性，笔者将以如下两个具体案件予以说明。

（一）持卡人划定用卡边界情形下的行为定性

2015 年 3 月 13 日，郝某因欠修某 5.5 万元，便在某银行办理一张透支额度为 15 万元的信用卡，并在申请材料中将地址填为修某轮胎店地址。发卡行将信用卡寄到轮胎店后，同年 3 月 31 日，修某持该卡消费 15 万元后将信用卡还给郝某，且未将透支数额具体告知郝某。后银行多次通过电话对郝某进行催收，但郝某仅还款 5.5 万元，对剩余 9.5 万元以并非自己透支为由不予还款。

① 对于是否划定用卡边界的判断，应当结合全案情况，从当事人的关系、经济往来情况、借卡事由及约定还款人等情况综合分析，既可以采取明示的方式，也可以采取默示的方式。

银行亦多次通过电话对郝某进行催收，修某表示无力还款，同年10月19日该案案发。

要对本案中行为人行为进行定性，首先要明确的是郝某申领信用卡的透支额度为15万元，而郝某在没有任何防范措施的情况下将卡交给修某使用，是否可以推定郝某对修某在15万元以内的所有用卡行为表示了同意呢？笔者认为，答案是否定的。综合全案分析，郝某申领信用卡并交修某使用的原因是先前存在的借款行为，即郝某是为还清所欠的5.5万元，而对于超出的用卡数额并没有其他民事关系作为支撑，两人对此都明确知晓，案发后两人的表现也对此进行了印证。也就是说，郝某实际上已经对修某的用卡行为在数额方面作出了具体限制，即5.5万元。在此基础上，对于郝某来说，其本身对于多透支的9.5万元并不具有“非法占有目的”：一方面，郝某对修某用卡数额的限制表明其对多透支数额的反对态度；另一方面，尽管其确实存在事后对9.5万元透支数额“催收不还”的行为，但“非法占有目的”只能形成于透支行为发生之时，而不能扩展至催收之时，尽管“催收不还”是案发的导火索和构罪的要件之一。因此，本案中郝某的行为并不构成“恶意透支”。而对修某而言，尽管其在客观上存在透支行为，主观上对于透支款项也具有“非法占有目的”，但其并不属于“恶意透支”主体“持卡人”范畴，那么根据罪刑法定原则，修某行为也不能成立“恶意透支”。但由于郝某已经为修某的用卡行为划定了具体数额边界，而修某却超出所划定边界多透支9.5万元，实际上已经违背了郝某的意志。而且，超出授权范围的用卡行为只能是修某以自身名义与银行进行交易，但银行对此已经产生错误认识，并处分了相应财产，造成了一定损失。因此，修某行为符合“冒用型”信用卡诈骗罪。

（二）未划定用卡边界情形下的行为定性

2013年11月蒋某以本人身份资料向某银行申领信用卡一张，后将该卡交给其女朋友李某使用，后李某持该卡透支消费30多万元。后两人分手，2015年1月29日蒋某最后一次还款人民币1万元。银行对蒋某和李某都进行多次催收，但双方对透支金额不予理睬，超过3个月仍未归还，至案发累积未还款透支金额人民币20万元。

在本案中，蒋某与李某两人是关系较亲密的男女朋友，蒋某在将自己申领的信用卡交给李某使用时，并没有约定具体用卡数额，在李某持续透支的过程中，蒋某并没有提出异议甚至以还款行为对此表示了支持，综合分析可知蒋某并没有对李某的用卡数额作出具体限制。从客观上来看，李某作为实际用卡人，其透支行为与最终透支结果的发生不无联系，但由于蒋某授权行为的存在，李某没有超出授权范围的用卡行为所导致的结果都是可归属于蒋某的。而且鉴于授权行为的存在，李某始终认为蒋某会就透支金额还本付息，故其主观上对于透支金额没有“非法占有目的”。反观蒋某的行为，其不仅在客观上有可归属于他本人的透支结果，在主观上也是具有“非法占有目的”的。具体来说，蒋某事前对李某包括透支行为在内的用卡行为表示了肯定之后，即表明愿意承担透支后还本付息的后果，但其之后又采取了截然相反的“催收不还”的做法。从这相互矛盾的正反两方面可以推定，其在透支行为发生之时就具有“非法占有目的”。当然，推定作为一种降低了证明标准的证明方式，允许蒋某提出反证以证明其不还款行为是由于客观原因所造成的，如在将卡借与李某使用时是具有还款能力和还款意愿的,但是中途遇到企业破产、天灾人祸等原因导致还款不能,那么就不能推定蒋某对透支金额具有“非法占有目的”。可能会有疑问说,透支金额并非由蒋某获得,而是由李某使用,即占有者是李某而非蒋某,这种情况下是否可认定蒋某具有“非法占有目的”?笔者认为是可以的,一方面,所谓“非法占有目的”并非仅仅指为自己占有,也包括为第三人占有的情况;另一方面,透支金额虽然由李某使用,但考虑到两人的特殊关系以及先前行为的存在,对于蒋某来说即使没有积极财产的增加,但消极财产的减少亦是一种经济上的获利行为,所以说这种认定并无不妥。

综上分析可知,对借卡恶意透支行为进行刑法规制是必要且可行的,但是应当在合理划分案件类型的基础上,结合法律规定对所涉行为作出正确的定性,不应当“一刀切”。此外,笔者也希望银行能够加大审查力度并充分告知持卡人转借信用卡的风险,使持卡人能加强风险意识和责任意识,将信用卡透支的风险控制在源头以减少此类案件的发生。

Qualitative Research on the Behavior of Malicious Overdraft of Credit Card Borrowing

Fu Qian

Abstract:Compared with the common maliciously overdrafting credit card behavior, the behavior of malicious overdraft of credit card borrowing do more harm to the legal interest. The social hazard of the behavior is more grave and it should be subject to the regulation of criminal law. The changes of the subjective and objective elements of this new criminal behavior make the regulation of it in a lawless situation, which gives rise to series of disputes in the theoretic and practical field. Fundamentally speaking, the dispute actually comes from the misunderstanding of law and case type. Therefore, to resolve the dispute, we should interpret the involving issues provided by law correctly and make qualitative judgment of legal lender and actual users in different types of cases respectively.

Keywords: malicious overdraft; cardholder; the purpose of illegal possession; collection; fraudulent use

更名启事

《法论》萌芽于歌乐山麓，成长于毓秀湖畔，为吾校法研学子自主创办之法学出版物。创办迄今，吾辈秉承“心系天下”之人文关怀、“自强不息”之慎独品格、“和衷共济”之虔诚夙愿、“严谨求实”之创办理念，勤勉笃志于学，砥砺前行于世，尔来三十有二年矣。在全面深化改革和全面推进依法治国的新时代，社会变迁急遽，法治的理念与实践，更显重要意义。法学之显学态势，已蔚为大观；学术探讨蔚然成风，观点交锋炽盛如火，为法学学术的发展提供了新的契机。

创办30余年来，读者已不限于研究生群体；稿源日趋多样，囊及学界与实务界，既有青年俊才，又有耆宿大贤；文章题材亦不断纳新，除青年才俊研学成果而外，亦不乏名家力作、前瞻研究。此故，为实现“名实相符”，《法论》现正式更名为《西南法律评论》。

目前，《西南法律评论》有完善的匿名评审、及时反馈、四审终审等审稿制度，编委会将继续秉承创办理念，进一步完善制度建设，提高编辑工作的规范化水平，全力提升出版物质量。我们诚挚欢迎各界师友的批评指正和建言献策，更欢迎立意突出、构思精巧、结构完备、逻辑严谨、文笔流畅的理论或实务研究佳作。我们祈望,在诸位的协助与指导下,《西南法律评论》能成为有理想、有情怀、有深度、有影响力的学术交流平台!

《西南法律评论》编委会

2018 年 5 月 16 日

《西南法律评论》征稿启事

《西南法律评论》创办于1985年，前身为《法论》，是由西南政法大学主办，在校硕士、博士研究生承办的法学学术书籍。本书一年一卷，每卷2～4辑，由法律出版社公开出版。自第30卷起，启用《西南法律评论》书名。

一、栏目设置与重点选题

《西南法律评论》聚焦于法治发展中的经典理论命题和重大实践问题，提倡"小题大作"、见微知著、资料翔实、问题意识明确的研究范式，亦欢迎视野开阔、论证圆融的宏大叙事。文章体裁不限，学术论文、案例评析、法学书评、时政点评等皆可。基本栏目有"理论研究""思想述评""实务探微""法政时评"等。2018年，《西南法律评论》重点选题方向为：

1. 全面推进依法治国与全面深化改革关系研究；
2. 社会主义核心价值观融入基层社会治理研究；
3. 地方立法的理论与实证问题研究；
4. 改革开放40年与法治发展；
5. 互联网、大数据、人工智能法律问题研究；
6. 司法改革热点问题；

7. 我国监察制度研究;

8. 宅基地“三权”分置的理念阐释与制度构建;

9. 扫黑除恶专项斗争中的法律问题研究;

10. 环境治理与美丽中国建设研究。

二、征稿对象

高校师生、实务界人士。

三、征稿说明

1. 来稿文责自负,作者应确保其作品不侵犯他人或组织的著作权。本书所载文章观点均属作者本人,不代表编委会或主办单位的观点。

2. 禁止“一稿多投”。来稿无论采用与否,编委会均将在每卷征稿结束后30天内回复审稿意见。来稿请自留底稿,恕不退稿。

3. 字数宜为8000~13000字,重复率不超过15%。

4. 所有来稿请附英文标题;论文类稿件需另附中英文摘要和关键词;翻译作品需附原文及原文作者或出版者的书面授权许可(包括Email)。

5. 投稿格式规范详见《西南法律评论》博客(http://falunbjb.fyfz.cn/b/86228)或《西南法律评论》微信公众号(falun_swupl)。

6. 为保证稿件质量和用稿公正,本书实行双向匿名审稿制度。一审、二审由博士研究生编辑审稿,三审由学科顾问老师审稿,主编进行终审。

7. 本书以文稿质量为采用的唯一标准,不问作者职称职务、学历、专业、工作单位等。谢绝一切形式的关系稿。

8. 为适应我国信息化建设,扩大本书及作者知识信息交流渠道,本书自2010年第24卷起被“中国学术期刊网络出版总库”及

CNKI 系列数据库收录。如作者不同意文章被收录，请在来稿时做出声明，编委会将做适当处理。往期作者如有异议请联系知网或者编委会，否则默认为同意。

9. 本书不收取任何版面费，目前暂不支付作者稿酬；来稿一经选用，即敬奉样书。

四、投稿方式

1. 请将电子版投至 fa_lun@126.com，邮件主题以“文章题目 + 姓名 + 手机号”命名。

2. 请务必在邮件中及文稿后面注明稿件联系人的姓名、工作单位、通信地址、电话、邮编等详细联系方式；在审稿期间请保持通信畅通，方便进行稿件修订。

《西南法律评论》编委会

图书在版编目(CIP)数据

西南法律评论. 第1卷 : 总第30卷 / 刘想树主编
. -- 北京 : 法律出版社, 2018
ISBN 978-7-5197-1962-3

Ⅰ. ①西… Ⅱ. ①刘… Ⅲ. ①法学-中国-文集
Ⅳ. ①D920.0-53

中国版本图书馆CIP数据核字(2018)第019859号

西南法律评论(第1卷 总第30卷)
XI'NAN FALÜ PINGLUN
(DI 1 JUAN ZONG DI 30 JUAN)

刘想树 主编

策划编辑 陈 妮
责任编辑 陈 妮
装帧设计 贾丹丹

出版 法律出版社
总发行 中国法律图书有限公司
经销 新华书店
印刷 北京虎彩文化传播有限公司
责任校对 马 丽
责任印制 吕亚莉

编辑统筹 财经法治出版分社
开本 A5
印张 7.75
字数 160千
版本 2018年6月第1版
印次 2018年6月第1次印刷

法律出版社/北京市丰台区莲花池西里7号(100073)
网址/www.lawpress.com.cn
投稿邮箱/info@lawpress.com.cn
举报维权邮箱/jbwq@lawpress.com.cn
销售热线/010-63939792
咨询电话/010-63939796

中国法律图书有限公司/北京市丰台区莲花池西里7号(100073)
全国各地中法图分、子公司销售电话:
统一销售客服/400-660-6393
第一法律书店/010-63939781/9782 西安分公司/029-85330678 重庆分公司/023-67453036
上海分公司/021-62071639/1636 深圳分公司/0755-83072995

书号:ISBN 978-7-5197-1962-3 **定价:**40.00元
(如有缺页或倒装,中国法律图书有限公司负责退换)